基于利润的市场逻辑

王一菝◎著

山西出版传媒集团

山西经济出版社

图书在版编目（CIP）数据

基于利润的市场逻辑／王一蕤著．—太原：山西
经济出版社，2019.9
　ISBN 978-7-5577-0564-0

　Ⅰ.①基… Ⅱ.①王… Ⅲ.①市场—研究 Ⅳ.
①F713.5

中国版本图书馆 CIP 数据核字（2019）第 159267 号

基于利润的市场逻辑

JI YU LIRUN DE SHICHANG LUOJI

著　　者：	王　蕤
责任编辑：	李春梅
封面设计：	人文在线

出 版 者：	山西出版传媒集团·山西经济出版社
地　　址：	太原市建设南路 21 号
邮　　编：	030012
电　　话：	0351－4922133（市场部）
	0351－4922085（总编室）
E－mail：	scb@ sxjjcb.com（市场部）
	zbs@ sxjjcb.com（总编室）
网　　址：	www.sxjjcb.com

经 销 者：	山西出版传媒集团·山西经济出版社
承 印 者：	山西出版传媒集团·山西省美术印务有限责任公司

开　　本：	710mm×1000mm　1/16
印　　张：	9.25
字　　数：	88 千字
版　　次：	2019 年 9 月　第 1 版
印　　次：	2019 年 9 月　第 1 次印刷
书　　号：	ISBN 978-7-5577-0564-0
定　　价：	48.00 元

前　言

市场上有交易就有量与价。价格是由产品量和货币量共同决定的，归根结底还是取决于量。虽然从主观意愿上人总是希望买的价格更低，卖的价格更高，但决定交易的关键因素是量而不是价。产品之间的相对价格也是由不同产品的供给量和需求量决定的，更加不依赖于货币。因此本书对市场逻辑的理解从量开始，而不是从价开始。

第一章从一人经济体出发讨论生产与消耗的动态平衡，理解生产量与消耗量是如何在经济循环中维持和增长的。如果把国家看作一个人，这个国家的生产与消耗也是在经济循环中维持和增长的。

第二章从二人经济体出发讨论分工交换的生产模式，理解产品之间的交换比例以及产品与货币之间的交换比例是如何决定的。产品之间的交换比例只需要知道所有产品的产量和消耗量就可以得到，不依赖于货币，但完成交换行为或者说提高交换效率是需要货币的。产品量与货币量之间的关系决定了货币措施的作用范围。

第三章从供给和需求出发讨论市场逻辑。企业将不同的市场联系起来，也将上游的供给和下游的需求联系起来，其生产决策必须服从市场供需的逻辑。企业的经营目的是赚取利润，如何理解和统计利润与企业决策息息相关。本书介绍了企业统计利润的一些原则，以及这些处理方式的经济含义。

第四章基于市场的微观逻辑讨论宏观表现，包括经济波动与经济增长。区分波动和增长是有必要的，因为导致波动的措施有可能被理解为导致增长，但是一直采取这样的措施不仅不能带来增长还会破坏经济的稳定，不利于经济增长。在厘清经济波动和增长的逻辑之后，还可以发现稳定给经济带来的价值。

在对市场的理解上，本书和现有的西方经济学理论有一些区别，主要在供需关系、市场均衡、生产决策逻辑、微观和宏观的联系4个方面。

一是供需关系。西方经济学的需求曲线代表消费者在不同价格下的需求量，供给曲线代表生产者在不同价格下的供给量，这是基于价格选择交易量的思想，反映了交易者的主观意愿。本书则是从一定需求量所面对的供给价格出发构造供给曲线，从一定供给量所面对的需求价格出发构造需求曲线，这是基于交易量选择价格的思想，体现了市场的客观性。对于一个需求者或供给者来说，其主观意愿不能改变市场上的量价条件，若想保证量的成交必须接受市场给出的价格。这是市场客观的一面，只有认识到这一点才能正确理解市场的逻辑。

二是市场均衡。西方经济学的供给需求模型用供给曲线和需求曲线的交点来表示市场均衡。曲线交点的移动代表着供需双方量的变化，并且要同时变化，但是真实的市场逻辑是一方的量先变化，反映在另一方价格的变化上，然后另一方的量才会变化。两个量的变化存在时间差，两条曲线联立的交点无法表示这个时间差，因此不能解释供需变化的内在逻辑。这个问题的根本原因在于对供需关系的错误理解。

给定一条曲线在平面上的位置，再给定点在曲线上的位置，就可以确定点在平面上的位置，不需要两条曲线决定一个点。对于需求者来说，一条供给曲线再加上需求量，就可以决定市场的价格。供给曲线的移动可以解释供给方的变化，需求量的移动可以解释需求方的变化。对供给者则反之，需求曲线的移动解释需求方的变化，供给量的移动解释供给方的变化。在人类经济从无到有增长的过程中，需求是一步一步积累起来的，相应的生产能力也是一步一步发展起来的。这一个生产周期的需求量和产量是讨论下一个生产周期需求量和产量的基准，所以在讨论需求量和供给量的时候要明确生产周期。有了量再结合曲线就可以分别讨论需求量与供给曲线的变化，以及供给量与需求曲线的变化，二者的时间差也可以反映出来。

　　三是生产决策逻辑。西方经济学的一个基本理论是企业根据边际利润做出决策，边际利润为 0 的产量是利润最大化的产量。这个理论仍然存在于最新版的教材中，其根源可以上溯到 19 世纪 70 年代边际理论被提出时，而那时生产者主要采用现金收付制来计算成本和利润。到了 20 世纪 40 年代，权责发生制逐渐成为普遍接受的准则。权责发生制又称为应收应付制，通过固定资产折旧、费用摊销、收入分期确认等方式对收入、成本和利润做平滑处理。权责发生制所体现的稳定经营思想体现了经济持续运行的思想。现实市场中，无论企业经营者还是分析师，在判断企业经营状况时都不会去计算边际利润，而是看财务报表上经过会计处理后的平均利润。虽然处理后的利润不完全等同于长期平均利润，但已经是长期平均利润的一个很好的近似。对于所有生产者整体来说，短期的总利润是相对平稳的，可以认为是平均利润。

　　在以边际利润为依据的决策模型中，最优产量位于边际成本曲线与价格曲线的交点。这也体现出很多经济模型的一个问题，那就是要计算最优点，如果算不出来就要添加假设。这样的模型一方面假设不能合理反映市场逻辑，另一方面算出来的最优点过于死板。现实市场瞬息万变，决策也需要随机应变。本书给出的模型只描述供需的市场条件，不试图计算最优点。企业根据自己的利润做决策，只要利润能够接受，企业可以选择任意可能的产量，甚至是亏损的产量。这样的模型可以反映企业在不同市场情况下的逻辑，在比较灵活的同时也能合理地解释各方面因素的影响，不必为每个因素添加一条假设，也不必使用过度复杂的数学工具。

四是微观和宏观的联系。西方经济学中微观模型和宏观模型基于不同的假设，对市场的解释也非常依赖于假设。有的理论认为应该自由竞争，有的理论认为需要政府干预，对稳定和增长也各有各的看法。本书通过加总生产者的收入、成本和利润得到宏观模型，对宏观模型的解释从微观生产者的生产决策逻辑入手。微观和宏观在逻辑上紧密联系，不需要分别做出假设。基于市场的微观逻辑，鼓励自由竞争是需要的，对垄断利润的限制是需要的，宏观调控也是需要的。每方面的措施都有一定的适用范围，不能完全偏废一方面，也不能完全依赖一方面。在实践中，政府也会根据面临的问题选择对应的措施，如果一种措施不能奏效就换另一种，并不完全拘泥于某一个理论。如果理论能够合理地反映现实，那么理论也应当具有这种灵活性。

当然，本书也只是一家之言。

目　录

1　价　值

1.1　生产与消耗

　　经济活动本质上就是生产与消耗。虽然对经济现象的研究主要集中在工业革命之后的现代经济形式，但生产与消耗的行为从人类诞生起就存在了。这是从动物进化而来时继承的本能，只不过人类以更为复杂的形式表现出来。

　　人维持生存需要不断生产和消耗，这是一个持续的过程。产品是人生产出来的、用于消耗的劳动成果。因为能够满足消耗的需求，所以产品有了价值。在以狩猎和采集为生的最原始的经济状态，劳动成果可以视为产品，也可以不视为产品，这取决于如何看待生产与消耗的关系。例如狩猎，如果将狩猎的生产过程和吃肉的消耗过程看作连续的整体，那么肉就不是产品；如果将狩猎的生产过程和吃肉的消耗过程看作先后两个步骤，那么在两个步骤之间肉就是产品。如果生产之后经过交换再消耗，那么在交换过程中肉也是产品。随着经济的发展，生产行为与消耗行为越来越分离，产品的界限也越来越明确。

已生产出来而还没有被消耗的产品是剩余。产品都有一定的保存期限，超过保存期限产品将损坏，不再能够满足消耗。因而剩余不可能无限积累，当产品剩余过多以至于损坏速度等于积累速度时，剩余将不再增加。服务是一种特殊的产品，在生产出来的同时被消耗，但生产者与消耗者不是同一人。服务不会积累剩余，但提供服务需要被服务者同时在场。

一定数量的具有生产和消耗行为的人构成一个经济体。在一段时间内，经济体的产量是其所有成员的产量之和，经济体的消耗量是其所有成员的消耗量之和。如果一个经济体消耗的所有产品都是由其成员生产的，那么称这个经济体为独立经济体。

一个经济体在一段时间内的生产和消耗情况为经济过程。在一个经济过程中，如果产量大于消耗量，则经过该经济过程后剩余增加；如果经济过程中产量小于消耗量，则经过该经济过程后剩余减少；如果在一个经济过程中经济体的产量等于消耗量，则经过该经济过程后剩余不变，这样的经济过程称为稳定经济过程。稳定经济过程的期初和期末剩余不变，也就是说该经济过程的净剩余为 0，重复稳定经济过程既不会过度积累也不会过度消耗，因而可以长期保持。

首先考虑只有一个人的经济体，生产和消耗的产品只有肉一种，采用徒手狩猎这种最原始的生产方式，且没有任何初始积累。假设一个人每天至少要消耗 1 个单位的肉，最多不会消耗超过 2 个单位的肉。没有生产就没有消耗，此处可理解为每天的消耗发生在生产之后。单位时间内的产量是生产效率，单位时间内的消耗量是消耗速度，对于一定的时间周期：

$$产量 = 生产效率 \times 时间$$

$$消耗量 = 消耗速度 \times 时间$$

最初狩猎一天只能获得 1 个单位的肉，满足一天的最低消耗。后来随着狩猎技能的提升，每天可以获得 2 个单位的肉，消耗速度可以随之增长到每天 2 个单位的肉。更高的消耗速度代表更高的生活质量。在生产效率低于最高消耗速度时，提高生产效率能够满足更高的消耗速度，从而提高生活质量。每天徒手狩猎的产量是 2 个单位的肉，消耗量也是 2 个单位的肉，没有任何剩余的积累，生产和消耗动态平衡。以一天为一个生产周期，没有积累时生产和消耗的关系如图 1-1 所示。每天生产的价值都很快被消耗，没有任何价值的积累。

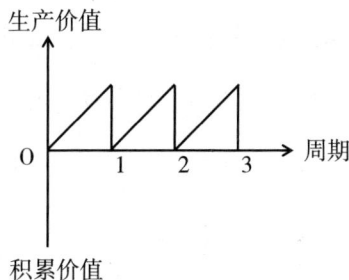

图 1-1　无积累生产循环

当狩猎技能继续提升，每天产量达到 3 个单位的肉时，假设每天最高的消耗量依然是 2 个单位的肉，不再随着生产能力的提高而提高，此时每天在消耗 2 个单位的肉的同时会剩余 1 个单位的肉，剩余的肉可以供第二天消耗。如果第二天继续生产 3 个单位的肉，消耗 2 个单位的肉，第二天结束时累计剩余 2 个单位的肉，这样第三天可以休息，即使不生产也可以满足 2 个单位的肉的消耗量。在消耗速度相同时，减少生产时间可以增加休息时间，从而提高生活质量。

剩余不能无限期地保存。肉在一定期限内没有被消耗的话就会腐烂，不再能够满足生活所需的消耗，因此剩余的量存在一个上限。在消耗速度不变的前提下，超过这个上限的剩余是无法被消耗的。假设肉最多只能保存 5 天，剩余上限就是 10 个单位的肉。在剩余积累到 10 个单位的肉时如果选择继续生产，就应把每天的生产时间减少 1/3，使产量刚好等于消耗的 2 个单位的肉，这样每天消耗剩余中的 2 个单位的肉，再将当天生产的 2 个单位的肉储存起来，总剩余不变，也不会使之前剩余的肉腐烂。在每天消耗量不变的情况下减少了生产时间，相当于提高了生活质量。可见在剩余积累达到上限后，生产效率应降低到与消耗速度相等的水平。这个生产效率水平取决于消耗速度，不取决于剩余上限。

在一个经济过程中，经济体成员的生活质量取决于消耗速度和生产时间。相同生产时间下，消耗速度越高生活质量越高；相同消耗速度下，生产时间越少生活质量越高。无论是提高消耗速度还是减少生产时间，都需要更高的生产效率，这意味着提高生产效率能够改善生活质量，既能在相同的生产时间内满足更高的消耗量，又能在不改变消耗量的情况下减少生产时间。在一个经济过程中，消耗的产品既来自该过程内的生产，也来自之前积累的剩余。稳定经济过程可以保持稳定的生产效率和消耗速度，同时剩余量保持稳定，不会过度生产也不会发生剩余消耗殆尽的情况，因而生活质量可以保持稳定。

更少的生产时间和更高的消耗量是矛盾的。生产时间越少，可以提供的消耗量就越少；更多的生产时间虽然可以提供更多的消耗量，但是会减少休息时间。如果人完全不从事生产，所有时间都用来休息，就没有能够用于消耗的产品。如果人把所有时间都用于生产，生活质量同样不会很高，因为没有时间去享受生产的成果。人的生产行为相当于用时间换取了产品，时间是人天生拥有的价值。一种产品需要的生产时间越多，可以认为价值越高。不同的人生产效率不同，对一种产品价值的认识也不同。在生活中选择一定的消耗量就是在生产和休息二者之间选择一个平衡点。有的人选择更多的消耗量，有的人选择更多的休息时间。对于个人来说，这个选择是比较主观的。对于人数足够多的经济体来说，一定时期内的人均消耗量和平均劳动时间相对比较稳定，这两方面因素可以评价经济体成员的平均生活质量。

1.2　生产资料的积累

　　使用工具可以提高生产效率。以 1 个人的经济体为例，假设在狩猎的过程中人学会了制作弓的技术，弓是可以提高生产效率的工具。生产一把弓需要 1 天的时间，弓的使用寿命是 9 天，可以把狩猎效率从每天 3 个单位的肉提高至每天 6 个单位的肉。在制作弓的这一天中要消耗 2 个单位的肉，并且这一天无法狩猎，因此至少需要有 2 个单位的肉的剩余才能开始制作弓。考虑一个期初有 2 个单位的肉剩余的 27 天经济过程。一个人可以在第一天消耗 2 个单位的肉并制作弓，之后使用弓狩猎 9 天生产 54 个单位的肉，在第 10 天结束时剩余 54−2×9＝36 个单位的肉。为了在下一个生产周期开始时能够制作弓，这个人必须留 2 个单位的肉的剩余，因此最多休息 17 天。也就是说每生产 10 天之后，这个人就可以休息 17 天，以 27 天为一个周期循环。经过 1 天生产弓、9 天狩猎、17 天休息的经济过程后经济体仍然维持 2 个单位的肉的剩余，因而这 27 天的生产周期是稳定经济过程，可以一直维持下去。相比于徒手狩猎时每生产 10 天可以休息 5 天，弓的发明使休息时间增加了。在消耗速度维持在每天 2 个单位的肉不变的前提下，生活质量因休息时间的增加而提升。这种提升来源于新工具的发明，亦即生产技术水平的提升。

如果这个人是从 0 剩余开始生产的，那么他不可能在前两天制作弓，因为这两天必须狩猎，否则无法维持生存。他需要先以每天 3 个单位的肉的效率徒手狩猎 2 天积累 2 个单位的肉的剩余，才能在第三天制作弓。因此为了维持上述 27 天的稳定经济过程，在没有弓的时候这个人需要保持至少 2 个单位的肉的剩余，也就是留出制作弓的时间。如果把弓看作是相当于 2 个单位的肉的剩余，那么在任何时刻都应保持至少相当于 2 个单位的肉的剩余才能维持生产效率，也就是要么有一把弓，要么有 2 个单位的肉以支持一天的消耗来制作弓。由此可见，为了维持生产效率，经济体需要保持一定量的剩余来满足制作工具时的生活消耗，如图 1-2 所示。

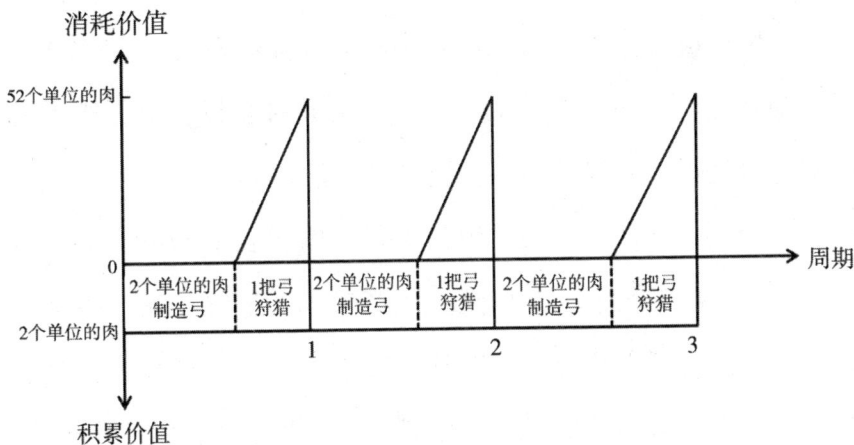

图 1-2 有积累生产循环

生产弓需要一天的剩余来维持生活，如果弓所能提高的生产能力低于一天的剩余，在生产中就不会使用弓。例如徒手生产 10 天可以获得 30 个单位的肉，现在先花一天时间制作弓把生产效率提高到 3.2 个单位的肉每天，则用弓狩猎 9 天可生产 28.8 个单位的肉，这 10 天净生产 26.8 个单位的肉，还不如徒手生产。因此，不是所有的技术都会用在生产中，能够用于生产的技术对生产效率的提升需要超过一定的程度。考虑一个稳定经济过程，假设生产工具需要时间为 t，工具的使用寿命为 T，使用工具前生产效率为 q_1，使用工具后生产效率为 q_2，则必须：

$$q_1(t + T) < q_2 T$$

即

$$\frac{q_2}{q_1} > \frac{t + T}{T} = 1 + \frac{t}{T}$$

这里可以看出工具对生产效率的提升幅度要大于 t / T 才能真正提高生产效率，并且生产工具花费的时间越长或者工具的使用寿命越短，对提升幅度的要求越高。

上述例子中，弓代表了生产资料，肉代表了最终产品。生产资料在生产中被消耗，提高了生产效率。最终产品在生活中被消耗，提高了生活质量。在现代经济体中，生产和消耗是连续的。生产资料的价值在生产中消耗，同时在生产中补充，因此生产资料的价值是逐渐积累起来的，不像最终产品那样每期生产新的价值，然后全部被消耗掉。期初积累的生产资料被消耗，在期末需要补充等量的生产资料才能维持生产循环。这部分价值相互抵消，不计入生产总值。多生产出来的部分用于生活消耗或者增加积累，这些价值计入生产总值。因此对于生产规模稳定的经济过程，积累的生产资料价值不变，所有生产出来的价值都用于生活消耗。生产规模稳定时的生产循环如图1-3所示：

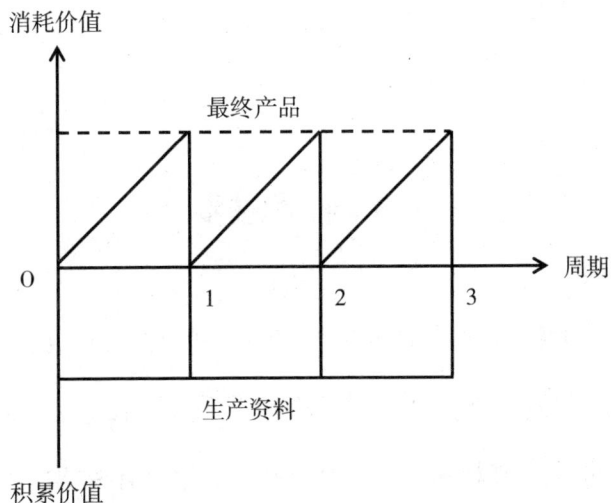

图1-3 规模稳定的生产循环

假设一个生产周期中积累的价值是 S，消耗的价值是 C。在每一个生产周期中，人类利用价值为 S 的生产资料生产出总价值（$S+C$）的产品，其中补充生产资料的价值为 S，用于生活消耗的最终产品价值为 C。在 S 不变的情况下，每期统计的生产总值即指 C 的部分。积累的价值 S 被用于生产，这部分价值的作用是维持生产效率。C 的增加或减少代表着生活质量的提高或降低，S 的增加或减少代表生产规模的扩大或缩小，

也代表着未来 C 的增加或减少。产出与投入的比值 $(S+C)/S$ 可以作为衡量生产技术水平的指标，除非是不使用任何生产资料的情形。能够供生活消耗的最终产品是生产资料经过劳动后增值的部分。人类的劳动生产了这些增值产品，如果人类不劳动，生产资料的价值就不会变，也就没有额外的价值可供消耗以提高生活质量。

1.3　技术进步

　　理解了生产资料价值维持生产效率的原理，也就能够理解经济增长的原理。假设第 1 年消耗最终产品的价值 C_1 为 50，期末积累的生产资料价值 S_1 为 100。在第 2 年中生产的所有产品价值 (S_2+C_2) 为 170，其中最终产品价值 C_2 为 60，生产资料价值 S_2 为 110。于是第 2 年的总消耗价值为 60，增加的 10 个单位的生产资料价值是新增的积累。这一年生产总值为消耗价值和新增积累价值之和，也就是 60+10＝70。在这个周期中，消耗速度从每期 50 提高到了每期 60，意味着生活质量的提高；积累的生产资料价值从 100 提高到 110，意味着在第 3 年将产出更多的价值。生产效率的提高使生产资料的积累增加，总产出扩大，这个过程便是经济增长的过程。

　　生产资料反映了一定的生产技术，积累生产资料也需要足

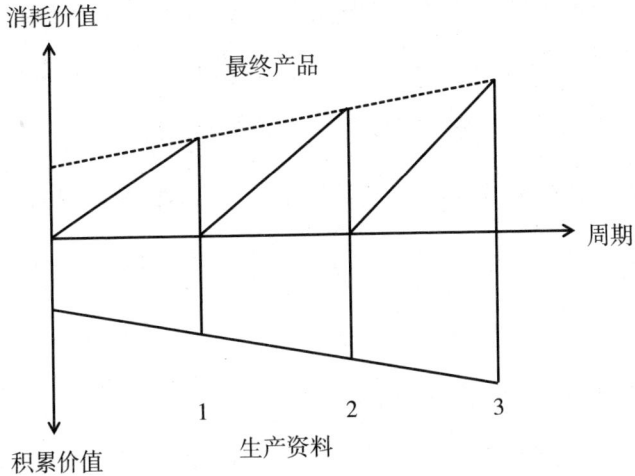

图 1-4　规模增长的生产循环

够高的生产效率来提供最终产品以外的生产力。随着生产技术的进步，人类社会在生产循环中不断积累生产资料，使得生产规模不断扩大，每个周期最终产品的产量也不断扩大，生活水平随之提高。当然，增长也不是没有上限。衡量生活质量的最终标准还是生活消耗被满足的程度。生产资料只能满足生产消耗，不能满足生活消耗，只有通过最终产品才能提高生活质量。当一定时期内最终产品的总产量超出能够消耗的量时，继续积累生产资料只会增加生产时间，无法提高消耗量，也就无法提高生活质量。例如弓如果不使用的话可以存放很长时间，也就是剩余上限很高，因此可以生产很多储存起来。但是弓不能直接用于生活消耗，即使积累很多也不意味着生活质量有所改善。如果肉的剩余不足的话，依然要进行狩猎才能满足生活消耗。所以弓的产量应该根据狩猎中的消耗速度来定，最终决定生活质量水平的是肉而不是弓。

技术的进步不仅包括工具的发明或者生产技术的进步，也包括新产品的发明。除了提高原有产品的生产效率，新产品的发明也是提高生活质量的一种途径。例如在狩猎过程中，人除了学会制作弓之外，也学会了用兽皮制作衣服，衣服是一种新的产品，相当于新的消耗量。与在生产中消耗的弓不同，衣服是在生活中消耗的，因此衣服和肉一样是最终产品，其消耗量与生活质量直接相关。生产新的产品需要时间，意味着原有产品的生产时间将减少，这需要更高的生产效率来支持。所以对经济体而言，无论是生产资料的积累还是新产品的发明，都需要更高的生产效率。

人有保持和提高价值消耗速度的欲望，每个生产周期都要消耗一定的价值。这是生产的动力，也是经济发展的动力。如果在使用或体验一种新产品之后没有重复使用或体验的欲望，这种产品就不构成需求，不能成为消耗价值的一部分。正是因为有重复使用或体验的欲望，在单位时间内消耗的价值才会保持，并在此基础上不断积累和提高。在有消耗欲望的基础上，人还需要有足够的生产能力来满足这个欲望。在消耗速度高于生产效率时，消耗速度随着生产效率的提高而提高，经济体成员的生活质量在提高，提高的水平受到生产效率的限制。在消耗速度低于生产效率时，消耗速度保持不变，生产时间随着生产效率的提高而减少。生产时间减少意味着休息时间增加，同样能够使经济体成员的生活质量提高。所以在不过度积累剩余的情况下，更高的生产效率总是对应着更高的生活质量。

对生产资料的占有产生了私有制。人类社会在经济发展的过程中技术不断进步，生产资料的价值也不断积累。生产资料不能自发地生产价值，仍然需要附加一定程度的人类劳动才能生产最终产品。在生产最终产品的过程中，一方付出劳动，另一方付出生产资料，二者分配最终产品价值。但生产资料的价值不会被分配，因为生产资料的价值是积累的价值，不是在生活中消耗的价值。占有最终产品迟早会消耗完，占有生产资料则意味着有持续的生产能力，每个周期不仅可以补充消耗的生产资料价值，还可以额外生产出可供消耗的最终产品。因生产技术与生产形式的不同，付出劳动和付出生产资料在分配最终产品价值时的形式也不同，形成的社会制度也不同，例如奴隶主和奴隶、地主和农民、资本家和工人等。相同的是占有生产资料的一部分人会一直占有生产资料，新增的生产资料价值往往也属于同一部分人，并且这些生产资料的价值会被继承。这种固化的占有形成了阶级。

2 价 格

2.1 分工交换

考虑甲和乙两个人组成的经济体，生产和消耗两种产品，一种是 X，一种是 Y。可以理解为 X 是肉，生产方式是狩猎；Y 是果子，生产方式是采集。假设每人每天的消耗量是 2 个单位的 X 和 2 个单位的 Y，即 2X+2Y。两人生产效率不同，甲每天可以生产 6X 或 4Y，乙每天可以生产 4X 或 6Y。当他们各自独立生产的时候，甲用 2 天狩猎，3 天采集，可以在 5 天的时间内生产 12X+12Y，满足 6 天的消耗。因此甲每天的平均产量相当于 1.2 天的需求，也就是 2.4X+2.4Y。同理，乙每天的平均产量也相当于 1.2 天的需求，3 天狩猎 2 天采集即可。

现在换一种生产方式，甲一整天都狩猎，乙一整天都采集，那么两个人的总产量是 6X+6Y，高于各自生产的平均产量之和 4.8X+4.8Y，表明这种生产方式可以达到更高的生活质

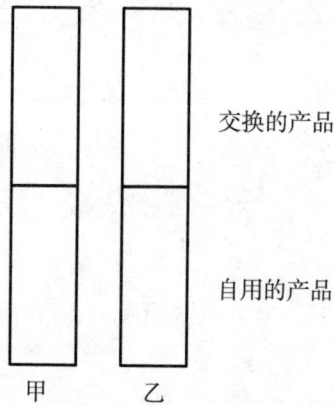

交换的产品

自用的产品

甲　　　乙

图 2-1　两人分工交换

量。但是甲狩猎一天下来只有 6 个单位的 X 而没有 Y，一天的需求是 2X+2Y，也就是说甲剩余 4 个单位的 X，短缺 2 个单位的 Y，无法维持生存。乙则相反，短缺 2 个单位的 X，剩余 4 个单位的 Y，同样无法维持生存。于是甲用 2X 向乙交换 2Y，两人都可以满足当天的消耗以维持生存。分工生产再交换的行为把两人的总生产效率从每天 4.8X+4.8Y 提高到了 6X+6Y，提高了生活质量。

在需求必须满足又没有剩余的过程中，每个人都要用自己生产的剩余交换短缺的部分。最终的交换量和平均交换比例是由产量或者消耗量决定的，事实上长期来看，产量应和消耗量相等。对于甲乙二人分工生产的经济体，考虑 3 天的稳定经济过程。甲和乙每人每天消耗 2X+2Y，两人 3 天共消耗 12X+12Y。甲每天生产 6X，乙每天生产 6Y，两人 2 天可以生产 12X+12Y，等于 3 天的消耗量。因此两人可以生产 2 天，休息 1

天，产量足以满足消耗且没有增加剩余，构成稳定经济过程。如果第 1 天生产结束时甲用 4X 换了 2Y，然后甲乙各消耗 2X+2Y，则甲剩余为 0，乙剩余 2X+2Y。第 2 天生产结束时甲持有 6X+0Y，乙持有 2X+8Y，总量 8X+8Y，足够 2 天的消耗。因为第 3 天休息，所以第 2 天的交换比例只能是甲用 2X 换 4Y。这 3 天之中总交换量为 6X 换 6Y，平均交换比例为 1X = 1Y。如果在第 1 天甲用 2X 换了 4Y，那么第 2 天就必须用 4X 换 2Y，总交换量和平均交换比例没有变。如果第 1 天甲用 3X 换 3Y，那么第 2 天还要用 3X 换 3Y，总交换量和平均交换比例仍然不变。这是稳定经济过程中总产量等于总消耗量的必然结果。

当存在产品交换时，产品之间的交换比例可以衡量产品的价值。例如用 2X 换 1Y，可以说 1Y 的价值是 2X，反过来也可以说 2X 的价值是 1Y。如果甲没有 X 的剩余，就不可能用 X 进行交换，也就不可能得到 Y 的价值；如果甲不用消耗 Y 就能维持生存，Y 对于甲来说也就没有价值，反过来对于乙也是一样的。在存在交换且知道交换比例的情况下，每天需求的价值可以换算为同一种产品表示。例如交换比例为 2X 换 1Y，则甲每天 2X+2Y 的需求相当于 6X，也相当于 3Y。生产的价值同样可以换算为某一种产品来表示，也就是产值。需要注意的是，需求的价值用 6X 表示，但其中只有 4X 可以通过交换体现出价值，其余 2X 是直接被消耗的。如果用 3Y 表示需求价值，其中 1Y 代表的价值没有发生实际交换，因而这部分价值只是一个估计，也就是估值。包含了估值的总价值也只能是估值。估值并不局限于因自己消耗而没有交换的部分，准备交换尚未做出交换的剩余部分也可以估计价值。对于上述 3 天的生产过程，甲在第 1 天用 4X 换来 2Y，在第 2 天发生交换之前依然会以 2X = 1Y 的比例来估计自己的产值。但是第 2 天可供交换的剩余量与第 1 天不同，实际发生的交换比例会变化，第 1 天的估值就不再准确。

交换比例也许在短期内对其中一方有利，但长期来看，随着剩余被消耗，实际交换比例会回归由生产效率和消耗速度决定的平均交换比例。交换数量不是任意的，必须保证每个人的消耗都得到满足。在上述例子的第 1 天，甲最少消耗 2X，所以最多给乙 4X；乙最少消耗 2X，所以甲最少给乙 2X。同理对于乙来说，最多给甲 4Y，最少给甲 2Y。因此这一天交换量的下限就是甲给乙 2X，乙给甲 2Y，低于这个量就无法维持这种生产方式。交换量的上限是甲给乙 4X，乙给甲 4Y，超过这个量也无法维持生存。在下限和上限之间，两人以任意数量进行交换都能满足当天的消耗。对于甲来说，第 1 天最不利的交换比例是 4X 换 2Y，最有利的交换比例是 2X 换 4Y。在这两个比例之间，甲乙可以任意交换，例如 3X 换 2Y，4X 换 3Y，等等。在不同的交换比例下，甲的生产效率没有变，都是每天 6X，但是交换比例的变化影响了估值。这种估值是不可持续的，且不一定能正确反映生产和消耗的关系。在 3 天的生产过程中，无论第 1 天的交换比例对哪一方有利，第 2 天都会被调整回来。以 3 天的稳定经济过程为周期，经过足够多周期的交换后，甲和乙就会认识到平均交换比例最终总会回归到 1X＝1Y 的水平。这个比例将成为甲乙共同的预期，在之后的交换中都以 1X＝1Y 的比例来交换。

人与人之间的自身条件不同，生产不同产品的效率也不同。在分工生产的形式下，每个人都专一地生产一种产品，生产技能重复的次数大大增加。从生产者个人的角度来看，重复生产可以提高生产技能的熟练程度，发挥成员的优势，提高个体的生产效率。从经济体整体的角度来看，合理分工以尽可能发挥所有成员的优势有利于提高整体的生产效率。由于不断有人退出生产，有人加入生产，经济体成员掌握生产技能的熟练程度整体上可认为是大致不变的。如果能够从整体上提高成员掌握生产技能的水平，例如提高教育水平，就可以提高整体的生产效率。重复生产有更多的机会改进技术，新的技术可以被其他生产者学习，从而通过提高技术水平而提高经济体的生产效率。

当分工高度细化之后，生产者对自己的产品几乎没有需求，所有需求几乎都是通过与他人交换得到满足，如图 2-2 所示。市场是集中交换的场所，市场上的每个人都同时是产品的供给者和需求者。所有需求几乎都通过市场交换来满足的经济形式是市场经济；相对而言，按照计划生产和分配的经济形式

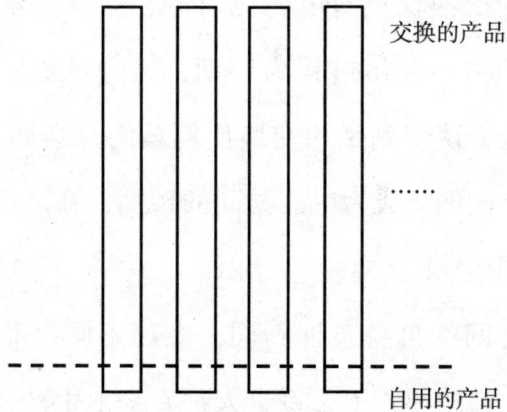

图 2-2　多人分工交换

是计划经济；自给自足而很少交换的经济形式是小农经济。市场经济下，一方面生产者专一生产可以提高生产效率，另一方面通过市场交换可以满足更丰富的需求种类，这两方面都意味着更高的生活质量。

2.2　风险与收益

考虑一段长期的稳定经济过程，甲乙两人合作生产并交换产品，产品仍然是 X 和 Y。虽然长期平均交换比例已经由生产效率和消耗速度决定，但是在甲乙二人达成共识之前，实际交换比例有可能波动，或者在甲乙二人生产和需求情况变动时，交换比例需要向新的平均交换比例波动。这个波动取决于每天甲和乙协商的结果，也取决于甲和乙生产能力和需求情况的变化。在交换比例稳定之前，甲和乙谁也不能确定未来的交换比例具体是多少，因此未来的交换比例总是不确定的。这种交换比例的不确定性，或者说价值的不确定性就是风险。风险和不确定性的程度呈正相关，不确定性越大风险越大。

例如某一天甲剩余 3X，乙剩余 6Y，甲短缺 2Y，乙短缺 2X，那么交换比例的范围是从 3X＝2Y 到 2X＝6Y。对于甲来说 X 价值的波动范围是从 2/3Y 到 3Y，对于乙来说 Y 价值的波动范围是从 1/3X 到 3/2X。第 2 天生产后甲剩余 6X，乙剩余 6Y，甲仍然短缺 2Y，乙仍然短缺 2X，那么交换比例的范围变成从 6X＝2Y 到 2X＝6Y。对于甲来说 X 价值的波动范围从 1/3Y 到 3Y，对于乙来说 Y 价值的波动范围从 1/3X 到 3X，波动范围对于甲和乙来说都增大了，相当于风险都增大了。这是因为两人产品价值的波动范围下限由短缺决定，上限由剩余决定。当短缺不变，剩余增加时，波动范围就会增大。反之如果剩余不变，短缺增加，那么随着剩余的消耗，波动范围会减小。

如果不停地积累剩余，在短缺不变的情况下剩余越积越多，交换比例的上下限也越来越大，意味着风险也越来越大。这是供给与需求的不平衡造成的，如果供需平衡的话不可能一直积累剩余。产品之间的交换比例即使短期有所偏离，在长期也会趋向于由供需决定的值。如果选择增加休息时间以降低产量使供需平衡，那么交换比例的上下限就会随着剩余的消耗而变小，风险也会随之变小。如果一个经济过程的期初剩余等于期末剩余，也就是期间净剩余为 0 的话，可以认为期末的风险水平回到了期初的风险水平。这不是说期末的交换比例等于期初的交换比例，而是说期末交换比例的波动范围与期初的波动范围相等。

不同产品的量不能直接比较大小，但存在交换比例的话就可以换算成同一种产品，也就可以比较大小了。例如交换比例是 1X 换 2Y，那么 2Y 的价值相当于 1X，少于 2X；如果交换比例是 2X 换 1Y，那么 2Y 的价值相当于 4X，多于 2X。实际上这里比较的不是产品本身的量，而是产品的价值。价值既可以都换算成 X，也可以都换算成 Y，但必须要换算为同一种产品才能进行比较，所以交换比例的波动会影响价值的比较。假设甲在第 1 天用 1X 交换来 2Y，并且剩余足够多，这 2Y 短期内不会被消耗。第 2 天交换比例变成了 4X 换 2Y，甲用 2Y 换回来 4X。在这个过程中甲拥有的 Y 的数量没有变，X 的数量在没有生产的情况下增加了 3 个单位，这 3 个单位的 X 就是甲在交换过程中得到的收益。因为只有甲才能生产 X，甲的收益归根结底还是在此次交换之前生产出来的，只是交换给乙之后没有被消耗，又被交换回来。如果甲生产的 X 只进行一次交换就被乙消耗掉了，无论以什么比例进行交换，甲都无法换回 X，也不会有收益。计算收益至少要进行两次交换，并且换出去和换回来的产品相同。

收益和风险是一对概念。因为计算收益需要至少两次交换，两次交换期间第 2 次交换的比例存在不确定性，所以收益一定伴随着风险。一旦完成所有交换，交换比例都确定下来，风险就不存在了，收益也确定下来。收益可能是正的，也可能是负的。正收益是盈利，负收益是亏损。在所有交换完成之前风险一直存在，最终收益也无法完全确定。

2.3 货币

货币是产品交换的媒介，提高了产品交换的效率。产品的生产与交换先于货币而存在，所以产品之间的交换比例不应由其货币价格来决定，而应是交换比例决定货币价格。即使没有货币的存在，理论上如果供需双方对供给量和需求量有充分的信息，产品之间的交换也应当能够发生。也就是说在没有货币的情况下，产品之间的交换比例也能够确定。两种产品之间的交换很容易计算交换比例，但如果产品数量很多，不通过货币很难计算任意两种产品之间的交换比例。这个交换比例不够直观，但还是存在的，并且不依赖于货币而存在。货币价格在此基础上确定。

2.3.1 价格

当需要交换的产品越来越多时，确定产品之间的交换比例越来越困难，因此货币被用于交换，方便衡量产品价值，提高交换效率。在市场经济中货币更是不可或缺的交易媒介。为了研究货币和产品价值之间的关系，首先考虑最简单的交换情形，也就是两人分工生产的经济体。基于各自的生产效率和历史交换情况，甲乙均同意交换比例稳定为 $1X = 1Y$。某天甲没有生产，并且只剩余 2X，没有 Y，乙剩余 2X+4Y。甲拥有的产品不足以维持生存，又没有剩余和乙交换。乙若不给甲 2Y 则甲无法维持生存，乙将不得不独立生产，生产效率会降低。乙若选择给甲 2Y，相当于单方面减少了自己的剩余。因此在乙给甲 2Y 之后，甲给乙 2 个贝壳代表 2Y，并承诺第 2 天生产结束后乙可以用这 2 个贝壳代表 2Y 来和甲交换 X。第 2 天甲乙均进行了生产，甲生产了 6X，乙生产了 6Y，同时乙还有 2个贝壳。乙先用 2 个贝壳和甲交换了 2X，此时甲拥有 4X0Y，乙拥有 2X6Y，乙足够维持当天的生存。甲又用 2X 和乙交换了2Y，甲拥有 2X+2Y，乙拥有 4X+4Y，各自足以维持生存，同时甲换回了 2 个贝壳。虽然这 2 个贝壳既可以代表 2Y 的价值，也可以代表 2X 的价值，但贝壳不能被消耗，实际上没有任何维持生存的作用。贝壳只能用于交换，起到货币的作用。实际维持生存所消耗的产品是生产出来的 6X+6Y。

在上述整个生产和交换的过程中，除了有货币参与的交换，甲和乙还直接用 2X 交换了 2Y，并且第 2 天的产量中有 2X和 4Y 没有参与交换而被生产者自己消耗。直接被消耗的产品没有与货币交换，所以这些价值没有被货币衡量。没有参与交换的产品可以按照参与交换的相同产品价格来估计其价值，这样的价值是估值。如果一种产品没有任何参与交换的部分，无法直接或者间接地计算出其价值或估值，那么这些产品的价值就无法被货币衡量，如图 2-3 所示。

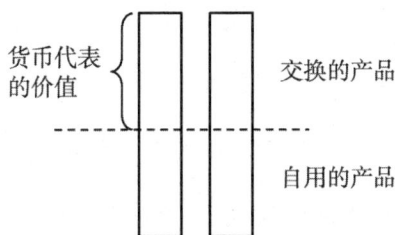

货币代表的价值

交换的产品

自用的产品

图 2-3　货币代表的价值

　　货币和产品的交换比例就是产品的价格。不同产品之间无法直接比较量的大小，但可以比较以货币表示的价值。货币虽然不能用于生活消耗，但可以稳定交换比例，提高交换效率。在上述第 2 天的交换中，甲用 4X 向乙交换了 2Y+2 贝壳。因为有贝壳代表 2Y 参与交换，所以交换比例一直相当于 1X = 1Y。算上第 1 天甲用贝壳交换的 2Y，这两天总共的交换量是 4X 换 4Y，交换比例也是 1X = 1Y。如果没有贝壳，那么前 1 天乙要无偿给予甲 2Y，相当于交换比例无穷大；第 2 天的交换量是 4X 换 2Y，交换比例的波动范围明显变大。每个人在交换中都试图采用对自己有利的交换比例，更大的波动范围会降低交换达成的概率。如果其中一方对交换比例不满意，不愿进行交换，经济体就无法维持这种生产模式。

货币数量与交换的产品总价值有一定的关系。在两天的经济过程中，货币总共参与了2次交换，第1次2贝壳换2Y，第2次2贝壳换2X。用货币来衡量的话，有货币参与交换的总价值为4个贝壳，而实际参与交换的货币量只有2个贝壳，只不过每个贝壳都参与了2次交换。贝壳的数量相当于经济体内的货币数量，在交换比例稳定的前提下，对于一个经济过程：

$$货币量×平均交换次数=交换总价值$$

其中平均交换次数是对实际交换过程的一种概括，例如不论是每次2个贝壳参与交换、总共交换2次，还是每次4个贝壳参与交换、总共交换1次，其代表的总价值都用4个贝壳表示。对于一个复杂经济体中的产品和货币交换，如果交换过程不变，那么平均交换次数一定不变，但平均交换次数不变不代表交换过程不变。例如同样是每次2个贝壳参与交换、总共交换2次，先交换X与先交换Y是两种不同的交换过程，但平均交换次数都是2次。

价格表示的是产品与货币之间的交换比例，价值表示的是产品与其他产品之间的交换比例。提到价格是指产品的交换属性，而提到价值是指产品对生活质量的提升程度。一般来说，价格应该反映价值，即产品之间的交换比例可以通过价格来换算，价格所表示的交换比例应该与生产效率和消耗速度所决定的产品交换比例一致。现实中产品与产品、产品与货币之间的交换比例存在波动，所以价格常常会偏离产品的真实价值。

消费和消耗都是与生产相对应的概念，消费更关心产品是否完成了交换，而消耗更关心产品是否被使用。在市场上购买满足生活需求的产品是消费。产品一旦被购买就退出了流通，从市场的角度来看可以认为是被消耗了。市场参与者不关心这些产品什么时候才真正被使用，只要生产者能够卖出产品收回资金就可以维持生活或者继续下一次生产，经济体的生产和消耗行为就可以维持下去。因此在市场经济条件下，可以用消费量衡量生活质量。

2.3.2 价格决定机制

若想研究价格是如何决定的，首先要确定产品之间的交换比例。

对于由甲、乙两人组成的独立经济体，每人每天的需求是 2 个单位的 X 和 2 个单位的 Y。假设甲每天狩猎可以生产 4X，乙每天采集可以生产 4Y。于是两人每天生产完成后进行交换，甲用 2X 换乙 2Y，交换比例为 1X = 1Y。经过交换两人都能够满足自己的需求，其中一部分需求通过自己生产满足，一部分需求通过交换满足。

考虑由甲、乙、丙 3 人组成的独立经济体，每人每天的需求都是 2 个单位的 X、2 个单位的 Y 和 4 个单位的 Z。甲每天生产 6X，乙每天生产 6Y，丙每天生产 12Z。每天总产量和总消耗量相等，生产完成后 3 人需要进行交换才能满足每个人的需求。甲需要用 4X 交换 2Y+4Z，乙需要用 4Y 交换 2X+4Z，丙需要用 8Z 交换 2X+2Y。于是根据等价交换有如下关系：

$$\begin{cases} 4X = 2Y + 4Z \\ 4Y = 2X + 4Z \\ 8Z = 2X + 2Y \end{cases}$$

写成矩阵形式如下：

$$\begin{bmatrix} 4 & -2 & -4 \\ -2 & 4 & -4 \\ -2 & -2 & 8 \end{bmatrix} \begin{bmatrix} X \\ Y \\ Z \end{bmatrix} = 0 \qquad (2\text{-}1)$$

解得 (X, Y, Z) = (2, 2, 1)k，k 是任意比例系数。取 $k=1$ 则 X = 2，Y = 2，Z = 1。取 $k=1/2$ 则 X = 1，则 Y = 1，Z = 1/2。无论 k 取什么值，3 种产品之间的交换比例都是确定的。产品之间的交换比例体现了价值，任意一种产品都可以代表其他产品的价值。

虽然这里看上去产品之间的交换比例与生产效率成反比，但这个结论在每个人的需求不同的时候是不一定成立的。例如甲的需求改为每天 2X+3Y+6Z，乙的需求改为每天 1X+2Y+2Z，丙的需求改为每天 3X+1Y+4Z，每人每天产量不变，则有

$$\begin{bmatrix} 4 & -3 & -6 \\ -1 & 4 & -2 \\ -3 & -1 & 8 \end{bmatrix} \begin{bmatrix} X \\ Y \\ Z \end{bmatrix} = 0 \qquad (2\text{-}2)$$

解得 (X, Y, Z) = (30, 14, 13) k。每个人的产量不变,用于交换的量也就是对角线元素不变,但因为消耗量也就是非对角元素的分布改变了,所以产品之间的交换比例随之改变。因此,交换比例不仅仅取决于供给,供给与需求两方面因素的变化都会导致产品之间交换比例的变化。

如果这个 3 人经济体中有货币流通,货币单位为元,每次交换都可以通过货币完成,产品与货币之间的交换比例是价格。仍然考虑 (2-1) 式的情形,如果 k 带有货币单位,则 X、Y、Z 可以看作产品的价格,其值由 k 的取值决定。k 相当于所有产品的价格水平,k 的变动幅度体现了所有产品整体的价格变动幅度。现在令 $k = 1$ 元,那么 X = 2 元,Y = 2 元,Z = 1 元。如果该价格水平下经济体只有 2 元货币流通,仍然可以完成一天内的产品交换,但每次最多只能交易价值 2 元的产品。假设这 2 元先由甲持有,那么甲用 2 元向乙交换 1 个单位 Y,乙得到 2 元货币后向丙交换 2 个单位 Z,丙得到 2 元货币后再向甲交换 1 个单位 X,如此循环。在只有 2 元货币流通的情况下,3 人需要通过货币交换 12 次才能完成当天所有产品的交换。如果增加流通的货币量,每人都持有 8 元,那么经济体中总共有 24 元货币流通,每天所有货币只需要参与 1 次交易就可以完成产品的交换。甲、乙、丙每人都可以随时向其他人交换产品,交换完成后每人手里仍然持有 8 元货币,下一个生产周期中可以继续交换。因此对于 3 种产品的经济体,完成产品交换所需要的货币量与交换次数成反比，与各种产品的价格成正比，这个结论是不变的。

有了总货币量与价格的关系，就可以根据总货币量确定价格，也就是确定 k 的取值。因为产品之间的交换比例确定了，所以参与交换的产品总价值可以换算为一种产品来表示，例如都换算成 Z，总价值为 24Z。如果经济体中货币总量为 24 元，所有货币都参与 1 次交换，那么用货币表示的总价值为 24 元。用货币表示的总价值等于用产品表示的总价值，所以 24Z = 24 元，可得 Z 的价格为 1 元，于是 X 的价格为 2 元，Y 的价格为 2 元。同理如果先用 X 来表示总价值是 12X，用货币表示总价值为 24 元，可得 X 的价格为 2 元，进而计算出 Y 和 Z 的价格。类似的，如果所有货币参与两次交换，那么用货币表示的总价值为 48 元，相应的，Z 价格为 2 元，X 价格为 4 元，Y 价格为 4 元。

以上是 3 种产品交换的情形。如果经济体中产品数量非常多，决定价格的原理是一样的。参与交换的供给量与需求量可以唯一确定任意两种产品之间的交换比例，这个比例不依赖于货币。[①] 将所有参与交换的产品都按照交换比例换算为一种代表产品的量来表示其价值，从而所有产品的价值可以加总，得到用代表产品表示的总价值。货币参与了所有交换，用货币量乘以平均交换次数可以得到用货币表示的总价值。所有参与交

---

① 该过程的数学证明见附录 1。

换的产品总价值分别用代表产品和货币表示，根据二者相等得到代表产品的价格，再根据产品之间的交换比例可以得到所有产品的价格。如果市场供给和需求情况不变，那么所有产品以该价格进行交易就可以恰好满足所有人的生产与消耗均衡，所有货币也都恰好被使用，不会产生价格波动。这个价格可以称为一定供给和需求情况下的真实价格。如果初始价格偏离了真实价格，在持续的生产和消耗循环中，产品的实际价格会逐渐趋向真实价格。在现实经济中，实际价格总是围绕真实价格波动。供给与需求的变化会导致真实价格的变化，实际价格也会相应地增加波动。

产品总是在不断地被生产和消耗，而货币几乎不会被消耗，只会从一个人手中转移到另一个人手中。因此在流通货币总量不变的前提下，只有在消耗商品的同时生产出等量的产品，保持单位时间内流通的产品量不变，产品价格才会保持不变。反过来，产品价格的变动也会反映产品生产和消耗的相对关系。若生产速度大于消耗速度，流通中的产品量增多，产品的价格就会下降，说明货币升值或产品贬值。若生产速度小于消耗速度，流通中的产品量减少，产品的价格就会上升，说明货币贬值或产品升值。如果经济体中没有产品交换，所有人都自给自足，也就不需要货币了。

2.3.3 价格水平与生产总值

货币所代表的总价值并不等于生产总值。交换矩阵中所包含的参与交换的产品不仅包括最终产品，也包括生产资料。所以流通中的货币所表示的总价值不仅包括最终产品的价值，也包括生产资料的价值。而生产总值只包括所有最终产品的总价值和生产资料新增的价值，所以计算生产总值只统计相应最终产品和新增生产资料的货币价值。在以货币计量价值的生产总值中，没有参与交换或者没有用货币计量的价值都没有被包括在内。如图2-4所示。

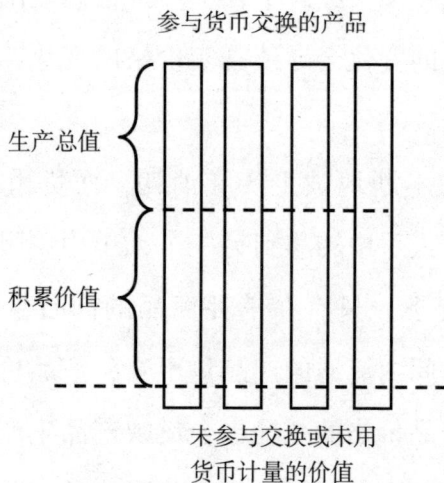

图2-4 货币代表的流通价值

在所有产品的价格都确定后，可以用价格水平来表示整体价格的变动情况，相当于式2-1中的 k 值。如果所有产品的价格都等比例变动，那么价格水平也等比例变动。例如取某一年的价格水平为基准值100，如果之后某年的所有产品价格都上涨了10%，那么这一年的价格水平为110。在所有产品之间的交换比例都不变的情况下，只需要统计任意一种产品的价格变动比例就可以得到整体价格水平的变动比例。现实中供给和需求会发生变动，产品之间的交换比例也会随之变动，一种产品的价格变动比例不能代表整体价格水平的变动。为此在计算价格水平时需要统计一篮子有代表性的产品，按照一定数量比例计算加权价格来衡量价格水平的变动。

例如取两种产品 X 和 Y，基准年 X 产量为 50，价格为 200元；Y 产量为 30，价格为 700 元，于是基准年生产总值为31000 元。取价格水平为 100，这相当于（50×100÷31000）=0.1613 个 X 和（30×100÷31000）= 0.0968 个 Y 的价值，因此可以取一篮子产品为 0.1613 个 X 和 0.0968 个 Y 来计算价格水平。第二年 X 价格上涨为 210 元，Y 的价格上涨为 750 元。价格水平只衡量价格方面的变化，不衡量产量的变化，因此即使 X 和 Y 的实际产量有所变化，在计算价格水平时仍使用基准年的产量 50 个 X，30 个 Y，得到假想的生产总值：

$$50×210+30×750=33000（元）$$

在产量不变的前提下，产值的变化应当都是由价格水平的变化引起的，可得第二年价格水平为：

$$33000÷31000×100=106.5$$

或者用一篮子产品的量来计算第二年价格水平：

$$0.1613×210+0.0968×750=106.5$$

如果第二年 X 和 Y 的产量有所变化，那么第二年的生产总值就不会是假想的生产总值 33000 元。假设第二年 X 的产量增加为 60 个，Y 的产量增加为 33 个，那么第二年生产总值为：

$$60×210+33×750＝37350（元）$$

不同产品的数量是不能叠加的。例如 60 台电脑和 33 部手机是不能相加的，但是用货币表示的价值是可以相加的。直接用货币表示的生产总值是名义生产总值。名义生产总值的变化由价格水平变化和产量变化引起，剔除价格水平变化因素之后即可衡量总产量的变化，也就是生产能力的变化。名义生产总值剔除价格水平变化因素后得到的是实际生产总值，相当于以货币为单位的产量。例如第一年实际生产总值为：

$$33000÷100×100＝33000（元）$$

因为第一年是基准年，所以实际生产总值与名义生产总值相等。第二年实际生产总值为：

$$37350÷106.5×100＝35070（元）$$

对比第一年和第二年的实际生产总值可知第二年总产量增加了 6.27%。因为剔除了价格水平上涨导致名义生产总值增加的部分，这个增量反映了生产能力的提高比例。名义生产总值的提高有可能是货币因素引起的，不能代表生活质量的提高。实际生产总值的提高剔除了价格水平的变动因素，可以代表生活质量有所提高。市场上的价格和产量总是在波动中，实际生产总值不易统计，价格水平和名义生产总值是相对好统计的，因此用价格水平和名义生产总值来计算实际生产总值是更加实用的方法。

更一般地，考虑产量和价格略有不同的两个经济过程，在每个经济过程内假设价格水平是稳定的。取第一个经济过程中的各产品产量和价格为（q_i，p_i），第二个经济过程中的产量和价格为（q_i'，p_i'）。衡量价格水平变化时应令每种产品的产量保持不变。取第一个经济过程的价格水平 $P = 100$，名义生产总值 $Y = \sum p_i q_i$，用货币表示的实际产量 $Q = Y$，则第二个生产过程的价格水平：

$$P' = \frac{\sum p'_i q_i}{Y} \times 100$$

$P' / P - 1$ 表示价格水平变化比例，价格水平的上升是通货膨胀，价格水平的下降是通货紧缩。计算第二个经济过程的实际产量时，取第二个经济过程的名义生产总值：

$$Y' = \sum p'_i q'_i$$

第二个经济过程的实际产量：

$$Q' = \frac{Y'}{P'} \times 100$$

若 Q' 大于 Q 说明经济体生产能力有所提高，若 Q' 小于 Q 说明经济体生产能力有所降低。经济发展的过程就是实际产量 Q' 不断增长的过程，不依赖于价格水平。在发展过程中，产品的种类和产量会发生变化，因此计算价格水平的一篮子产品也需要定期调整。

2.3.4 汇率

如果两个国家之间没有产品贸易，那么两国的货币不存在
交换比例。当两个国家之间发生产品交换时，两种货币之间将
存在交换比例，也就是汇率。和同一种货币的价格决定机制一
样，汇率也由参与交换的产品价值确定。考虑两个使用不同货
币的国家，分别为本国和外国。本国货币为本币，外国货币为
外币，两国货币之间的交换比例就是汇率。从本国的角度看，
从外国购买产品是进口，本国向外国出售产品是出口。本国从
外国进口的产品价值可以用外币衡量，本国向外国出口的产品
价值可以用本币衡量，即都由生产一方的货币衡量，因为生产
者需要用自己国家的货币进行消费，也会用自己国家的货币来
衡量价值。双方产品是等价交换，货币表示的价值也应该相
等，根据这个关系可以确定汇率。例如对于两个相互经济独立
的国家 A 和 B，两个国家都各自生产两种产品，则产品交换情
况可用如下矩阵表示：

$$\begin{bmatrix} A \\ B \end{bmatrix} = \begin{bmatrix} 2 & -2 & 0 & 0 \\ -2 & 2 & 0 & 0 \\ 0 & 0 & 3 & -3 \\ 0 & 0 & -3 & +3 \end{bmatrix}$$

两个子交换矩阵 A、B 表示各国之内产品生产和交换的情
况。两国都有自己的货币，每种货币的量分别决定各自国家产

品的价格。取货币的交换次数均为 1 次，假设 A 国总货币量为 20a，于是两种产品价格均为 5a；B 国总货币量为 18b，于是两种产品价格均为 3b。如果两个经济体之间没有产品交换，两种货币之间也就不存在固定的交换比例。现假设 A 国向 B 国出口第 2 种产品，出口量为 4；A 国向 B 国进口第 3 种产品，进口量为 2。于是新的交换矩阵如下：

$$\begin{bmatrix} A & X_{AB} \\ X_{BA} & B \end{bmatrix} = \begin{bmatrix} 2 & -2 & 0 & 0 \\ -2 & 6 & -2 & 0 \\ 0 & -4 & 5 & -3 \\ 0 & 0 & -3 & +3 \end{bmatrix}$$

X_{AB} 表示 A 国向 B 国进口产品的情况，X_{BA} 表示 B 国向 A 国进口的情况。此时 A 国总产量换算为第 2 种产品的价值为 8，在保持产品价格稳定的情况下货币量需要增加到 40a，其中 20a 用于本国流通，另 20a 用于代表向 B 国出口产品的价值。B 国总产量换算为第 3 种产品的价值为 8，在保持产品价格稳定的情况下货币量需要增加到 24b，其中 18b 用于本国流通，6b 用于代表向 A 出口产品的价值。在产品等价交换之后货币也应等价交换，因此有 20a = 6b，货币 a 兑换货币 b 的汇率为 0.3，或者说 a : b = 0.3。

本币和外币的交易形成外汇市场，汇率相当于单位外币能够交换到的本币，也就是外币的价格。当本币相对于产品贬值时，相对于外币也贬值，表现为汇率上升。当本币相对于产品升值时，相对于外币也升值，表现为汇率下降。

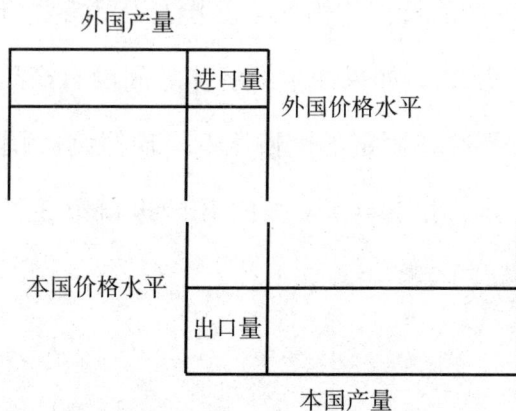

图 2-5　进出口价格水平

　　两国之间进行贸易本质上是交换产品，货币可以代表产品的价值，提高交换效率。汇率应使一国进口和出口的产品价值相等。货币量的变动或供需情况的变动都会导致汇率的波动。汇率波动扩散到全市场需要时间，因而汇率变动有滞后性，在短期内有可能出现进出口产品价值不符的情况。出口收入大于进口支出是贸易顺差，出口收入小于进口支出是贸易逆差。贸易表现为顺差表示本国卖出的产品价值大于买入的产品价值，获得货币净收入。净卖出的产品价值在之后的贸易中可以用货币净收入购买回来，也就是在未来形成逆差以达到产品交换的平衡。顺差表示本国总供给大于总需求即供大于求，外国总供给小于总需求即供不应求。长期顺差时本币倾向于升值，外币倾向于贬值，以使汇率符合供需关系决定的等价交换原则。反之当贸易表现为逆差时，外国净收入本币，本国净得到产品价值。长期逆差说明本国供不应求，外国供大于求，本币趋向于贬值，外币趋向于升值。

假设市场曲线一定，在外汇市场增加本币供给可以使本币暂时贬值，如图 2-6 中虚线 1 所示。本币贬值提高了外币对本国产品的购买力，降低了本币对外国产品的购买力，起到促进出口、抑制进口的效果。本币宽松的影响最初集中在外汇市场，经过一段时间的波动扩散到全体市场。留存在外汇市场的货币供给减少使本币升值，如图 2-6 中虚线 2 所示。本币升值降低了外币对本国产品的购买力，提高了本币对外国产品的购买力，从而抑制出口、促进进口。最终两国的产品贸易量会在新的汇率下恢复原有的水平。

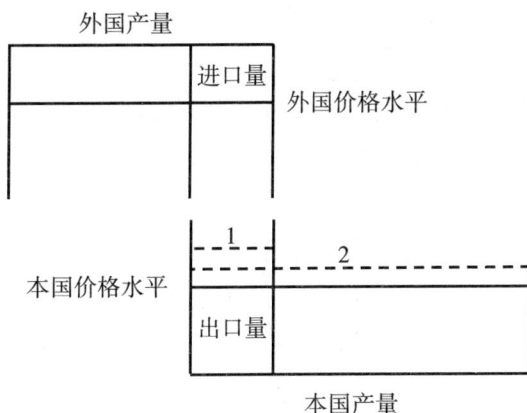

图2-6　在外汇市场增加本币供给

同理，在外汇市场减少本币供给或者利用外汇储备影响外币供给的做法可以在短期内影响汇率，改变进出口平衡。但随着影响从外汇市场扩散到全市场，汇率会反向波动，进出口贸易量会在新的汇率下恢复原有水平。如图2-7所示，外国央行宽松或本国央行抛售外币时，外汇价格水平将升到1处。增加的外币随着经济流通在外国市场扩散，最终外国价格水平升高，进出口贸易量恢复原有水平。进出口量取决于两国相互之间的供给和需求情况，市场供需结合两国货币量决定了汇率，汇率的变化反映了市场供需的变动。通过货币手段干预汇率不能从根本上改变供需平衡，并且短期内会增加价格水平和汇率水平的波动。事实上外国央行可以通过调整货币供应来抵消外汇市场的波动，维持原有价格水平。虽然说汇率波动对经济的影响不能完全忽视，但决定汇率的根本因素仍然是产品的供需关系。

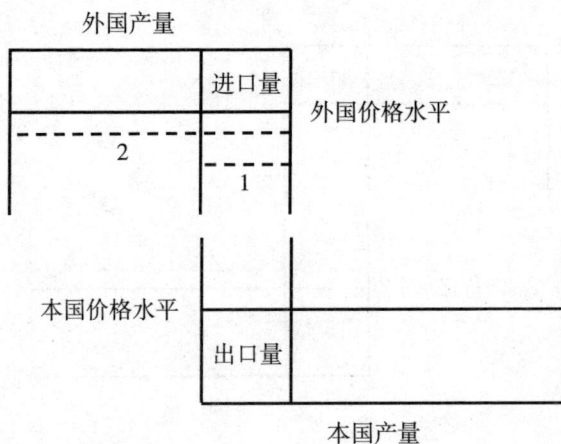

图 2-7　在外汇市场增加外币供给

2.4　货币的发行

产品的价格不仅与产品之间的交换比例有关，也与经济体中流通的货币量有关。大多数现代经济体中的货币都是由中央银行发行的。央行发行货币的机制可以通过简单的交易情形来理解。考虑一个经济体只有甲和乙两个人，生产 X 和 Y 两种产品，还有一个央行负责发行货币。甲每天生产 4 个单位 X，乙每天生产 6 个单位 Y，每人每天消耗 2X+3Y，因此每天甲要用 2X 和乙交换 3Y。X 和 Y 的交换比例为 2X＝3Y，每天参与交换的产品价值换算为 X 表示的话是 4X，换算为 Y 表示的话是 6Y。

央行可以通过货币量来决定价格水平。例如央行将 X 的价格定为 3 元，相应 Y 的价格为 2 元。每天央行从甲处花 6 元购买 2 个单位 X，从乙处花 6 元购买 3 个单位 Y，这就向经济体中发行了 12 元货币，甲和乙各持有 6 元。为了满足需求，甲在当天用 6 元从央行买了 3 个单位 Y，乙用 6 元向央行买了 2 个单位 X。这样央行收回了 12 元货币，甲和乙通过货币完成了产品交换。央行只发行和回收了货币，没有消耗任何产品。甲和乙消耗了所生产的所有产品，其中有一半参与了交换，因而其价值由货币代表。如果央行想将经济体中的所有产品的价格翻一倍，也就是使价格水平翻一倍，只需在向甲和乙购买产品时多用一倍的货币即可。

货币量和价格水平的关系还与货币的使用次数有关。例如央行用3元向甲购买1X，用3元向乙购买1.5Y，甲和乙分别购回Y和X；然后央行重复同样的操作，可以完成一天的交换。这个过程只需要6元货币就可以完成，因为每个单位货币都使用了2次，总共交换的价值为12元。

如果在一次交易循环中，央行以X=6元、Y=4元的价格买入产品，以X=3元、Y=2元的价格卖出产品，央行自身录得12元货币亏损，这12元货币留在了经济体中。在后续的生产和交换循环中，甲和乙可以利用这12元货币完成交易，不必通过央行。这些货币是央行通过价格波动发行到经济体当中去的，当然央行也可以利用反向的价格波动收回货币。央行本身只发行货币，没有实际消耗产品的需求，所以央行可以通过交易黄金等有储蓄价值的资产来发行货币，不一定购买并持有所有产品。例如央行购买黄金，一方面这部分黄金的流通作用被央行发行的货币所替代，另一方面在持续交易黄金的过程中录得的货币亏损都被生产者以盈利的形式留存在了经济体中。在一定的生产和消耗情况下，央行货币数量的盈利和亏损只代表价格水平的变动，不代表任何实际产品数量的变动。

理论上来说，持有货币者是可以向央行购买产品的，因此央行发行的货币实际上是央行的负债。换一个角度来看，央行持有产品记资产，支付货币记负债，资产和负债平衡。但是现在央行没有持有产品，只支付了货币，所以只记负债。央行回收货币相当于卖出资产换取货币，减少代表货币量的负债。在价格水平不变的前提下，只有经济体中流通的产品价值减少，表示央行向经济体"卖出"了资产，这部分资产退出流通被经济体成员消耗，才能抵消央行的负债。这些被回收的货币量也退出了流通，不再代表任何价值。因为央行"购买"的所有产品都是要卖回给市场的，为了保证货币的价值，央行不能使用这些产品。也就是说央行不能用自己印的钱来消费，其运营的资金必须来自实体经济，例如政府拨款。

最开始的流通货币是交易者自发使用的，以贝壳、兽皮等实物做货币。随着经济体的生产水平越来越高，等待交换的产品越来越多，所使用的货币也从开始的实物货币演变为金属货币、纸币，直至现在以政府信用为担保的法定货币。所以在央行出现之前，经济体中已经有旧币在流通。央行开始发行货币时，先按照一定的兑换比例用新币收回旧币，这样需要发行一定量的新币用于流通。接下来随着产量增长需要更多货币时，市场参与者会发觉用于支付的货币数量不够。市场通过金融机构卖出储蓄资产或者贷款以获得货币，金融机构与央行做类似的交易，央行通过这些交易调整货币量。

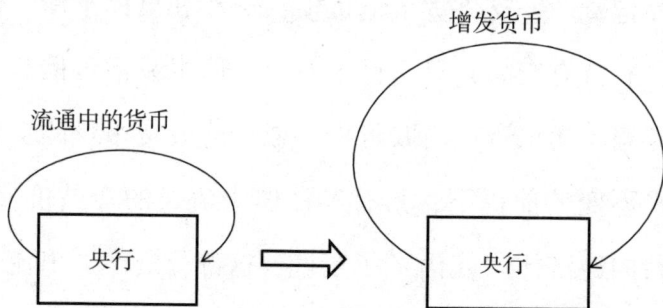

图 2-8　央行增发货币

在实际经济体中，央行只负责发行和回收货币，不获得产品的所有权。在货币发行出去到回收的过程中，货币在生产者和消费者之间流通，提高交易的效率。货币的发行和回收是一个动态平衡，发行量大于回收量可以增加货币量，发行量小于回收量可以减少货币量。如果希望保持货币总量不变，在贷款到期收回货币的同时再发行等量的货币即可。央行通过发行和回收的动态平衡调整价格水平，各种产品之间的价格关系则由市场供需决定。

在货币的平均交换次数不变时，一定交易量对应着一定的流通货币量。只要货币量符合市场的商品流通价值对应的需求，价格水平就会保持稳定。如果交易量不断增加，流通货币总量不变，市场上的生产者会发现持有的货币不足以支付货款，在短期内使需求减少。如果不增发货币，价格水平会随之下降。央行如果希望维持价格水平，就需要通过金融系统增发货币，金融系统向生产者贷款，保证流通货币量满足一定价格水平下的交易需求。反之如果流通的产品不断减少，流通货币总量不变，价格水平会随之上升，央行为了保持价格水平不变就需要不断地回收货币。央行通过向金融体系发行和回收货币即可调整价格水平，不必直接向众多生产者贷款。这是更细化的分工，能够更高效地管理货币。

央行改变货币的供应量不是同时对市场上的所有成员产生影响，而是从一部分生产者开始产生价格波动，在生产循环中逐步传递，直到影响整个市场。货币只是从生产到需求的交换媒介，市场的最终平衡状态是由供给和需求决定的。在市场成员对新的价格水平达成一致的认识之后，价格水平最终会回归由供需情况和新的货币量决定的平衡状态附近，此时所有产品价格都会等比例地变动。货币供应量改变造成的影响在从金融机构扩散到整个经济体的过程中，供需情况会因市场价格的波动而发生暂时的波动。

3　市场

3.1　供给与需求

3.1.1　供给曲线

当一个需求者想从市场上购买某种产品时，他将面临许多供给者。每个供给者的供给量不同，定价也不同。所以根据需求量的不同，需求者要付出的平均价格也不同。假设需求者面临着如图3-1所示的供给量和供给价格。

当需求量为20个时，与甲成交，成交价15元。市场价格将被推到16元。当需求量为50个时，与甲和乙成交，成交均价15.6元。市场价格将被推到17元。当需求量为70个时，与甲、乙、丙成交，成交均价16元。市场价格将被推到18元。当需求量为80个时，与甲、乙、丙、丁成交，成交均价16.25元。市场价格将被推到18元以上。根据需求量的不同，成交

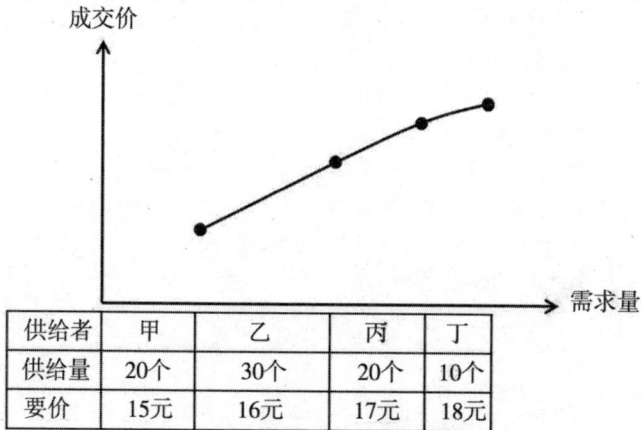

供给者	甲	乙	丙	丁
供给量	20个	30个	20个	10个
要价	15元	16元	17元	18元

图 3-1　需求者面临的供给曲线

的平均价格不同，对市场将产生不同影响。这体现为一条成交均价随需求量增加而上升的曲线。

　　一般地，假设市场上 n 个供给者的出价由低到高分别为（b_1, b_2, $\cdots$, b_n），需求量分别为（d_1, d_2, $\cdots$, d_n），需求量序列不要求由低到高排列。当甲需求量小于等于 d_1 时，他只需出价比 b_1 高即可。但是若需求量介于 d_1 和 $d_1 + d_2$ 之间，那么他的出价就需要比 b_2 高。以此类推，需求量介于 $\sum d_{i-1}$ 和 $\sum d_i$ 时（$2 \leqslant i \leqslant n$），出价必须比 b_i 高。因此需求者面临的市场供给曲线是价格随需求量的增加而增加的。

　　以上是从甲的角度来看市场上的供给者。如果从与甲需求同一种产品的其他需求者的角度来看，市场供给曲线同样是价格随需求量的增加而增加的。需求者之间为了满足自己的需求而与其他人竞争出价，这体现出需求者之间的竞争关系。在市场供给量一定时，如果当前价格下的总需求量大于总供给量，那么需求者之间的竞争会使产品价格上涨，直至一部分需求者因价格过高而放弃竞争使得总需求量等于总供给量，或者因为总供给量增加到能够满足所有需求。事实上，市场上每一笔交易都同时存在买卖双方，必然有一方先给出意愿价格，然后由另一方接受。买方希望买入价格越低越好，卖方希望卖出价格越高越好，但任意一方的主观意愿是不能保证达成交易的，只有在对手方接受的情况下才能达成交易。一个交易者不能够控制市场上的对手方和竞争者，只能调整自己的量或者价来达成交易。有的人愿意调整价格以保证量的满足，相对主动地按照他人给出的价格成交。有的人宁可不满足量的需求也不愿意调整价格，这样的人给出价格等待他人与之成交，相对被动。在讨论市场供给曲线时，需求者要满足生活需求或生产需求，是主动的一方。对产品量的需求是经济运行的动力。

3.1.2　需求曲线

同样的道理，当一个供给者想在市场上销售某种产品时，他将面临许多需求者。假设供给者面临的需求情况如图3-2所示。

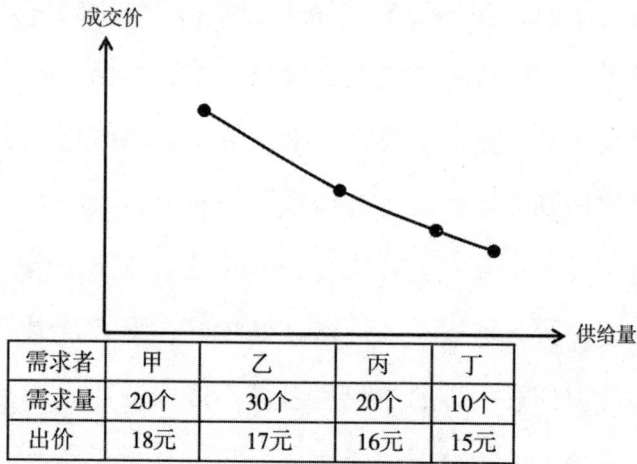

需求者	甲	乙	丙	丁
需求量	20个	30个	20个	10个
出价	18元	17元	16元	15元

图 3-2　供给者面临的需求曲线

根据供给量的不同，成交的平均价格也不同，对市场也将产生不同影响。这体现为一条成交均价随供给量增加而下降的曲线。当供给量为 20 个时，与甲成交，成交价 18 元。市场价格将被压到 17 元。当供给量为 50 个时，与甲和乙成交，成交均价 17.4 元。市场价格将被压到 16 元。当供给量为 70 个时，与甲、乙、丙成交，成交均价 17 元。市场价格将被压到 15 元。当供给量为 80 个时，与甲、乙、丙、丁成交，成交均价 16.75 元。市场价格将被压到 15 元以下。

一般地，假设其面临市场上的需求情况为由高到低排列的出价（$b_1, b_2, \cdots, b_n$）和（$d_1, d_2, \cdots, d_n$）的需求量。甲若想要卖出 d_1 的量，定价就不能超过 b_1；若想卖出 $d_1 + d_2$ 的量，定价就不能超过 b_2。以此类推，当供给量为 $\sum d_i$ 时（$i \leqslant n$），定价不能高于 b_i。因而供给者所面临的市场需求曲线是需求量随价格降低而增加的。

　　一种产品从开始生产到销售完成是一个生产周期。产品在市场上销售的时候已经完成了生产过程，其供给量由上一个生产周期的生产能力决定。在生产周期开始时，生产者不知道市场上的需求量。只有在产品销售完成后，生产者才能根据销售情况得知在该供给量下的市场价格，并据此调整产量。如果希望卖出更高的价格则减少产量，如果认为还可以接受更低的价格则扩大产量。生产者在下一个生产周期开始时调整产量，这个调整将在下一个生产周期结束后体现在市场供给量的改变上，并进一步影响市场价格。

　　供给者所面临的市场需求曲线也体现出供给者之间的竞争关系。供给者之间的竞争不是为了满足自身的需求，而是销售产品的强制性。对于自给自足的小农经济，如果一袋米卖不出去，生产者可以留着自己消耗。但是对于市场经济而言，人们的需求大部分都是通过与他人交换来满足的。生产者并不完全需要自己的产品，因而几乎所有的产量都必须销售出去，即使售价低于成本。虽然生产的目的是获取利润，但从开始生产到销售产品有一个周期，这期间市场条件是会改变的。理性的生产者在认为卖出产品能够盈利时开展生产，但理性并不能预测未来，开始生产时能盈利不能保证销售时还能盈利。如果产品已经生产出来但市场价格低于成本，此时理性的选择是把产品卖出以尽可能回收资金，而不是等市场价格回到成本以上再卖出。这虽然是个体的理性选择，但是在亏本情况下继续竞争会使价格越来越低，反而体现出市场竞争的非理性。一方面稳定的市场更有利于生产活动，另一方面不进入波动较大的市场也许是比赚取利润更加理性的决定。

无论是从供给者的角度还是需求者的角度，其面临的市场条件亦即量价关系曲线是自己无法控制的，因而市场条件应作为客观因素来考虑。对于供给者或需求者自身，其售价或出价、产量或需求量可以由自己决定，因而作为可以调整的主观因素来考虑。在市场竞争当中，愿意接受市场价格以完成交易数量的一方拥有主动权。竞争中主动的一方调整价格来满足需求量或完成供给量的销售，这样可以保持生活质量或维持生产循环。竞争中被动的一方坚持价格，因而不能保证满足生活需求或维持生产循环。

3.1.3　供需变化

考虑一个时间周期，例如一年或者一个月，消费者在每个周期中需求的量不变，这意味着生活质量不变。生产者供给的量也不变，与需求量相等，这是一个稳定的生产循环。

假设在一个周期中消费者的需求量增加了，此时供给曲线没有变，价格沿着供给曲线向右上移动。这在真实市场中将表现为消费者之间的竞争，一部分消费者增加了购买量，另一部分消费者发现自己无法用原价买到维持生活质量的量，于是出更高的价格。对于生产者来说，当前周期的供给量是一定的，所以市场效果表现为相同产量可以卖出更高的价格，需求曲线向上移动。需要注意的是这时候需求量增加了，供给量没有变，供不应求，所以市场价格上涨。如图 3-3 所示。

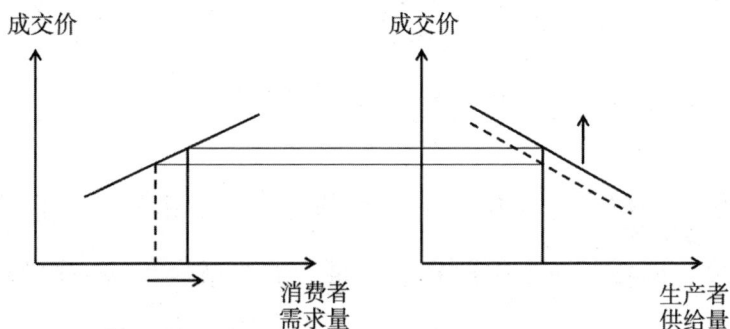

图 3-3　需求量变化引起供给价格变化

如果在一个周期中生产者的供给量增加了，此时需求曲线没有变，价格沿着需求曲线向右下移动。一部分生产者增加了销售量，他们将率先把产品卖完，收回成本后投入下一轮生产。另一部分生产者发现自己无法用原价格卖出所有产品，也就无法收回成本维持生产，只能降低价格。这是生产者之间的竞争。对于生产者来说，当前周期已经生产出来的产品都要卖出，所以需要卖出的产量是一定的，不能因为价格低就不愿意卖。对于需求者来说，当前周期的需求量是一定的，供给者调整售价表现为能够以更低的价格买到需要的量，供给曲线向下移动。如图 3-4 所示。

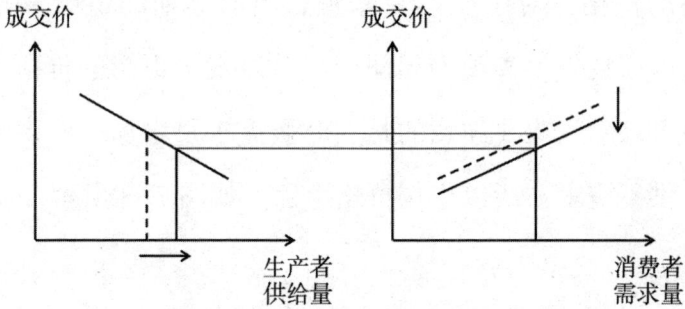

图 3-4　供给量变化引起需求价格变化

　　供给和需求的变化是不对称的。需求者是先消费再消耗，如果决定调整下一个周期的消耗量，立刻就会反映在市场的需求量上，并且影响价格。供给者则必须先生产再销售，根据价格调整产量之后再表现为供给量需要经过一个生产周期。当需求者决定增加第一个周期的消耗量，也就是增加需求量时，市场价格会立刻升高。市场价格是公开的信息，市场价格被需求者推高的同时会被生产者观察到。生产者看到利润有所提高，在第二个周期中会增加产量以增加利润。更多的产量需要消耗更多的生产要素，这些在第二个生产周期开始前要准备好。所以在第二个生产周期开始前生产者采购比上一个周期更多的生产资料，雇用比上一个周期更多的劳动力。第二个生产周期结束后新增的产量进入市场，市场供给量增加。在市场供给量增加之前，需求者会一直竞争。当新增供给量进入市场后，价格会因供给增加而有所下降，价格变化又会影响下一轮的需求。供给和需求在波动当中逐渐找到新的平衡点，价格的波动范围也越来越小，逐渐稳定在新的水平。如果需求一直不被满足，需求者之间的竞争一直持续，市场价格就会越来越高。用生产循环示意图来表示消费需求和投资规模的关系，假设第一个周期需求增长，第二个周期投资规模扩大，第三个周期达到了供需平衡，其过程如图3-5所示。

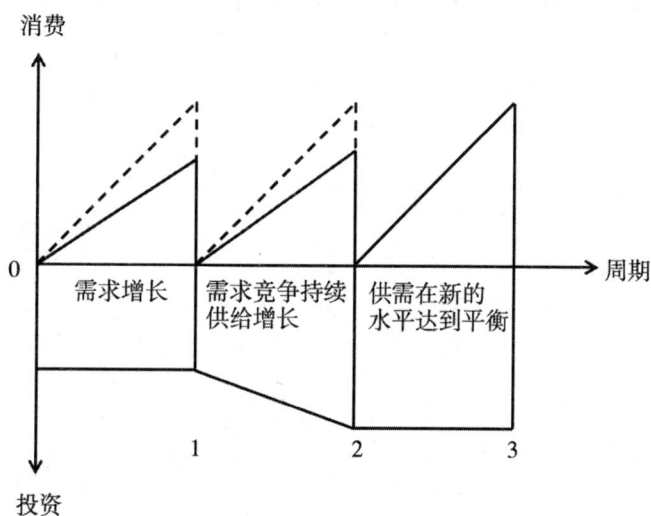

图3-5　生产循环中的需求增长与供给增长

　　需求量下降的过程与上面的过程相反。如果从供给量的变动开始讨论，那么对市场的影响从实际供给量的变化开始，最后同样表现为供需关系的波动和价格的波动。需要注意的是，这里不能用供需曲线的交点来讨论量与价的变化，因为体现不出供给量变化和需求量变化的时间差。

　　消费者买到的产品要经过许多企业的加工，从最上游采集原材料的企业到最下游的消费者，形成一条产业链。链条中的每一环都向下游供给产品，向上游需求生产要素，赚取利润。因此在一个生产周期中，企业在产品市场面临需求曲线，在生产要素市场面临供给曲线。假设消费者向企业 1 购买最终产品，企业 1 向企业 2 购买生产要素，企业 2 向企业 3 购买生产要素。在第一个生产周期，最终产品的市场需求增加，企业 1 的需求曲线上升，利润增加。因此在第二个周期企业 1 增加产量，相应的，对生产要素的需求也会增加，于是企业 2 的需求曲线上升，利润增加。如图 3-6 所示。

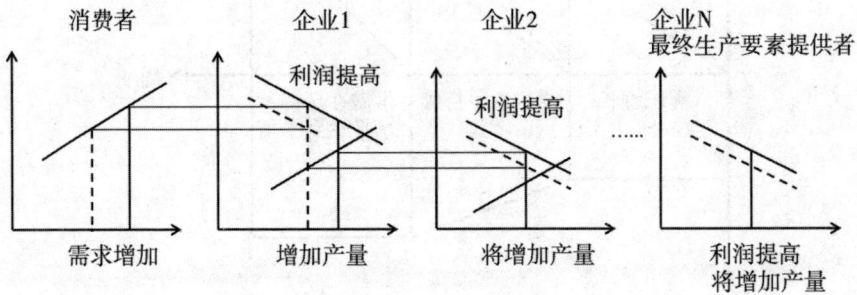

图 3-6 需求变化在产业链上的传递

　　企业 2 在第三个生产周期也会增加产量，同时对生产要素的需求增加，企业 3 的供给曲线上升……每一家企业需求量的增加对于上游企业都体现为供给曲线的上移，利润增加，从而产量增加，对更上游企业的需求量增加，如此传递下去，一直到采集原材料的企业为止。劳动力是劳动要素的提供者，因此也相当于供给链分支的一个终点。反之最终产品的需求减少时，企业发现利润下降后缩减产量，从下游到上游传递。

　　面对消费者的企业是产业链中最下游的企业，提供最终生产资料也就是采集自然资源的企业是最上游的企业。价值的生产与积累是从最上游对自然资源的采集开始的。人类最初的生产活动如狩猎野兽、采集水果等行为都是对自然资源的采集。在生产技术水平不够高时，人类在采集到资源之后直接消耗，不进行加工。在技术水平逐渐提高的过程中，人类对采集到的资源进行越来越复杂的加工，得到的产品形式也越来越多样，从采集到消耗的过程也越来越长。最上游生产者在采集之后由下游生产者加工，逐层加工的过程中产品价值不断增加。最终产品将用于满足经济体所有成员的需求，包括上游采集者和加工者的生活需求。最下游企业的总产量之所以能够满足社会全体成员的生活需求，是因为其上游企业的产品可以提升下游企业的生产效率，这是分工带来的生产效率提升。在现代生产方式中，无论采集哪种资源，都对生产技术和工具有一定的要求，因此从生产资料的链条上来看没有完全的终点，只有人的劳动是终点。

除了采集和加工的生产者，还有提供服务的生产者，这相当于以服务作为产品。采集和加工的劳动价值会被储存到产品中，在产品被消耗的时候这些价值也被消耗。服务的价值则在生产的同时被消耗，无法储存。如果服务满足的是生产需求，则服务的价值转移到新产品中；如果服务满足的是生活需求，则这些价值被最终消耗。

所有生产者的行业分类不完全是按照采集、加工、服务的区别进行划分的。生产行业一般被分为三大产业，农业、工业和服务业，又分别称为第一产业、第二产业和第三产业。农业一般指农、林、牧、渔4个行业，不包括采矿业。虽然采矿业也属于对自然资源的采集，但一般被划分为第二产业，也就是工业。

3.2 利润

利润是可供投资者支配的价值，也是投资的目的，没有利润投资者就无法满足自己的生活消耗。生产的组织形式有很多，不妨以企业为例讨论生产者的利润。企业在生产中消耗的要素包括劳动力要素和非劳动力要素。将企业为劳动力要素支付的成本统称为工资成本，这里的工资包括薪水、奖金、补贴、福利等一切报酬。企业在生产中消耗的所有非劳动力要素统称为生产资料，为生产资料支付的成本统称为生产资料成本。工资成本和生产资料成本构成了企业生产的总成本，其中劳动力成本是支付给企业内部员工的，而生产资料成本是支付给企业之外的其他生产者的。在一个生产周期的所有的收入中，一部分价值以利润和工资的形式在企业内部分配，另一部分以生产资料成本的形式支付给其他企业，在其他企业中再次分配，直到所有的价值都以利润和工资的形式分配。

　　在实际的经营中，利润是按照一定会计周期为单位统计的，例如每周、每月、每季或每年。稳定经营的企业利润也应该是稳定的，不应该因会计周期的选择而产生波动。例如稳定经营一年的利润是 120 万元，那么统计一个月的利润就应当接近 10 万元，不同月份之间的差异要尽可能小。当一笔款项跨越多个会计周期时，需要将该款项根据会计周期的选择平均到短周期以减少利润波动。针对这个问题，会计上已经有非常成熟的处理方式。现代会计学采用"权责发生制"，又称"应收应付制"，通过一些方法将跨多个周期的收入、成本相对平均地分摊到各个周期中去。在收入方面，当期已生产未销售的产品要计入收入，这样利润表更符合生产情况而非销售情况。跨多个周期的一次性收入分多个周期进行确认，这样每个周期的经营收入相对稳定。在成本方面，使用寿命跨多个周期的资产是固定资产，其成本以折旧的方式计入每个周期作为成本；跨多个周期的费用成本则以摊销的方式计入每个周期。处理后的成本和利润都相对稳定，得到的利润也相对稳定，不会因为会计周期的选择而产生较大波动，因此可以近似地认为是平均利润。这个利润可以直接从财务报表上获得，并作为判断企业经营情况的依据。这里只简单介绍对收入和成本的处理方式以及如何理解其经济含义，在实务中的操作要更加复杂。

3.2.1　库存产品价值

　　销售产品需要时间。已生产的产品在售出之前是库存，虽然还没有销售但属于当期生产的价值，按照"权责发生制"应计入当期收入。例如第一期生产了按照市价估值 300 万元的产品，消耗成本 200 万元，还没有销售。当期的资产负债表中记库存产品增加 300 万元，生产要素减少 200 万元，总资产增加 100 万元。在当期的利润表中计 300 万元收入，200 万元成本，利润 100 万元。这些产品在第二期完成销售，则从库存资产 300 万元转变成现金资产 300 万元，相当于没有收入。

表 3-1　库存产品确认收入

单位：万元

| 期数 | 资产负债表（变动额） | | 利润表 |
	资产变动	负债变动	
1	库存产品+300 生产要素−200		收入+300 成本−200
2	库存产品−300 现金+300		

　　每一个会计周期期初的库存是上期生产的，其成本计入了上期的成本，所以其价值也按照市价估值计入上期的销售收入，相应的利润计入上期利润。上期存货的实际销售行为在本期完成，如果本期没有进行生产而只是进行了销售，那么本期不会发生成本和收入，也就没有利润。如果本期进行了生产，那么相应的成本、收入和利润都会计入本期利润表。这样每期利润表所统计的数据都更加贴切地反映了当期的生产行为。

3.2.2 收入分期确认

以承包一项工程、工期 3 年、总收入 300 万元为例，将收入分摊到 3 个会计周期当中。如果第 1 年初收到 300 万元工程款，则先在负债端记预收账款，然后每年减记 100 万元预收账款，确认 100 万元收入。

表 3-2 预收账款分期确认收入

单位：万元

期数	资产负债表（变动额）		利润表
	资产变动	负债变动	
1	现金+300	预收账款+200	收入+100
2		预收账款-100	收入+100
3		预收账款-100	收入+100

如果第 3 年末工程结束后收到 300 万元工程款，则在资产端每年加记 100 万元应收款，期末收到现金后销掉应收款。

表 3-3 应收账款分期确认收入

单位：万元

期数	资产负债表（变动额）		利润表
	资产变动	负债变动	
1	应收账款+100		收入+100
2	应收账款+100		收入+100
3	现金+300 应收账款-200		收入+100

短期收入按照发生额记录即可。

3.2.3 资产成本折旧

固定资产是使用寿命远长于会计周期的资产，一般指使用寿命超过 12 个月的资产，例如厂房、机床、流水线、运输车辆等。相应的，使用寿命较短的资产是流动资产。从企业的长期经营来看，固定资产也是在不断消耗和补充的，只不过消耗和补充的周期很长，一次性补充的价值很大。如果取会计周期为 100 年，那么所有的固定资产都可以视为流动资产。将这 100 年的总利润平均到每一年当中，得到的平均利润就是企业长期稳定经营情况下每一年生产的利润。但是对于 1 年的会计周期，如果将使用寿命超过一年的固定资产价值一次性计入成本，那么购买当期会体现为巨额成本，而使用寿命中的其他会计周期没有相应成本，造成利润波动，不利于企业经营者判断经营状态。因此在实际的会计统计中，固定资产的价值不是一次性计入成本，而是逐年进行折旧，折旧的部分才计入当年的成本。例如价值 300 万元、使用寿命为 3 年的机床，在购买时将 300 万元现金资产转化为 300 万元固定资产，净资产没有变化也不计成本。之后在使用过程中每年折旧 100 万元，资产减少 100 万元，并记 100 万元成本，将一次性支付的成本分摊到 3 个会计周期中。

表 3-4　固定资产折旧

单位：万元

期数	资产负债表（变动额）		利润表
	资产变动	负债变动	
1	现金−300 机床+200		机床折旧成本−100
2	机床−100		机床折旧成本−100
3	机床−100		机床折旧成本−100

　　使用寿命较短的资产视为流动资产。流动资产的成本按照发生额计算即可。从经济含义上来说，流动资产和固定资产的区分不是绝对的，要看统计周期和使用寿命的相对关系。理想的折旧处理能够把产品成本完全平均地分摊到每一个会计周期，实际的会计操作是按照一定标准进行的，可以认为是理想状态的一个近似。

3.2.4　费用成本摊销

　　因生产需要而为劳务服务支付费用，这些费用成本有可能跨几个会计周期。以招标一项工程、工期 3 年、费用 300 万元为例，将成本分摊到 3 个会计周期当中。如果第一年初支付300 万元工程款，则先在资产端记 300 万元预付账款，然后每年摊销 100 万元。

表 3-5 预付费用摊销

单位：万元

期数	资产负债表（变动额）		利润表
	资产变动	负债变动	
1	现金-300 预付账款+200		工程费用成本-100
2	预付账款-100		工程费用成本-100
3	预付账款-100		工程费用成本-100

如果第 3 年末工程结束后支付 300 万元工程款，则先在负债端每年加记 100 万元应付款，期末支付现金后销掉。这种处理不属于摊销，但分摊成本的思想是一样的。

表 3-6 应付费用累计

单位：万元

期数	资产负债表（变动额）		利润表
	资产变动	负债变动	
1		应付账款+100	工程费用成本-100
2		应付账款+100	工程费用成本-100
3	现金-300	应付账款-200	工程费用成本-100

对于短期费用，按照实际发生额计入成本即可。

3.3　企业生产决策

一个会计周期的利润可以反映企业的盈利能力，不同会计周期之间利润的波动可以判断企业经营状况的改变。一个会计周期中单位产量对应的价格乘以产量得到总销售收入，单位产量对应的成本乘以产量得到总成本，总销售收入减去总成本为当期利润。产量和收入、成本、利润的关系反映在供给曲线和需求曲线上，一定产量对应着各条曲线上的一个点，也就是对应着单位产量的收入、成本和利润。在一定的市场条件下，也就是在市场曲线一定的情况下，不同会计周期之间产量的变化对应着曲线上不同的点的移动，也同时反映出收入、成本和利润随产量的变化而变化。企业产量改变的经济含义是企业在不同会计周期之间改变生产规模。

企业在所生产的产品市场上是供给方，在生产要素市场上是需求方。以横坐标为产量，纵坐标为价格，在一个生产周期中企业面临的市场曲线如图 3-7 所示。曲线 s 和 c 分别表示单位产量对应的价格、平均成本与产量的关系。平均成本中既包括采购生产资料的成本，也包括雇用劳动力的成本。曲线 w 表示单位产量对应的工资成本与产量的关系。短期来看，企业因增加产量而导致的生产成本增加主要是由于流动资产成本增加

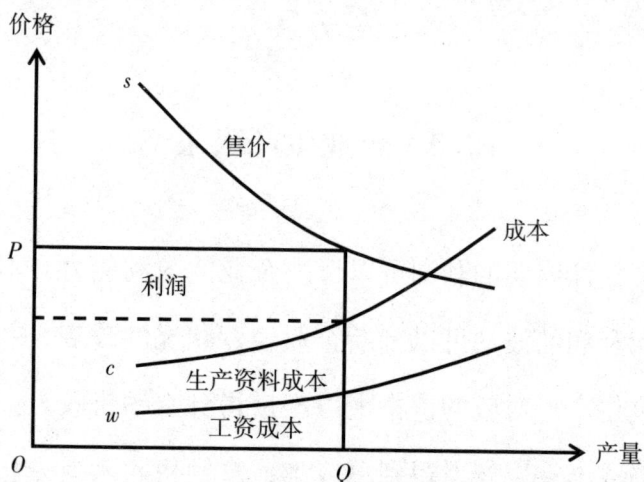

图3-7　生产企业面临的市场曲线

和工资成本增加；长期来看，企业因增加产量而导致的生产成本增加既来自流动资产成本和工资成本增加，也来自固定资产成本的增加。

如果市场条件不变，也就是企业面对的市场曲线不变，产量与收入、成本和利润之间的关系也不变，这时影响企业决策的主要因素是竞争对手。如果存在竞争对手，企业的产品有可能因对手产品的竞争而销售不出去，导致无法收回成本维持生产，此时企业必须主动做出反应。因此在一定的市场条件下，企业将根据竞争对手的情况做出生产决策。

3.3.1　垄断策略

当某种产品只有一家企业生产时，这家企业对这个产品的市场形成垄断。在市场曲线左端产量为 0 时企业总利润为 0；

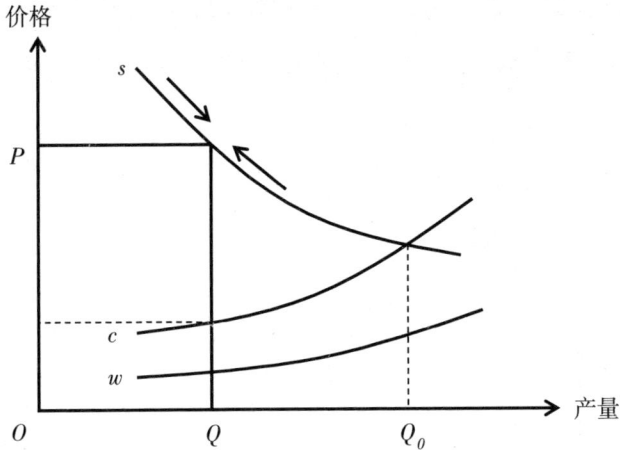

图 3-8　垄断策略的产量选择

在单位产品利润为 0 时企业总利润也为 0，假设此处产量为 Q_0。在产量 0 到 Q_0 的曲线内，企业选择任意产量都可以获得利润。因为企业的总利润是有限的，因此必然存在一个使利润最大的最优产量。曲线形状对于企业来说是不可知的，所以最优产量不能事先计算出。如果企业增加产量，发现总利润随着产量的增加而增加时，在下一个生产周期可以继续增加产量，直到总利润不再增加或开始减少时可以认为达到了最优产量，保持该生产规模。反之如果企业减少产量，发现总利润随着产量的减少而增加时，在下一个生产周期可以继续减少产量，直到总利润不再增加或开始减少时达到最优产量，保持该生产规模。

垄断定价和成本之间存在高额的利润空间。对于新兴的市场，这种利润空间有利于企业快速发展，也是对企业研发新产品、新技术的回报。对于成熟企业来说，长期保持垄断地位会使企业失去发展的动力，因为只需要保持现有的技术和产量就可以不断积累可观的利润。

3.3.2 竞争策略

价格

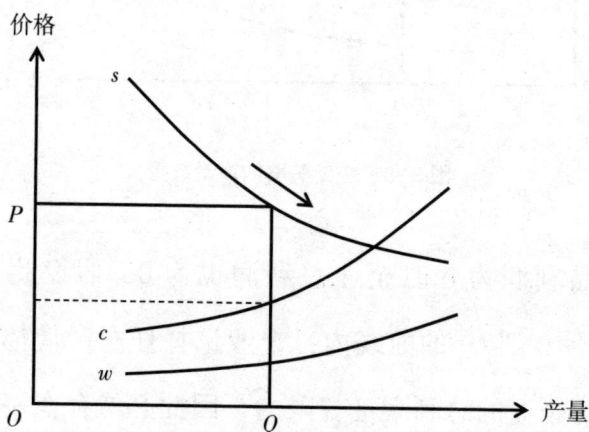

图 3-9 竞争策略的产量选择

当市场上有多家企业同时生产同一产品时，这些企业面对的是相同的需求曲线。市场上的供给量是所有企业的产量之和，销售价格由每家企业自行决定。如果其中一家的价格比其他企业低，消费者将优先选择这家企业的产品。如果其他企业不降价，价格最低的企业将在保持价格的同时扩大产量，以最低价格挤压其他企业，最终占有整个市场。其他企业不可能为了保持价格而减产，最终把全部市场份额让给对手。没有销量不仅没有利润，也收不回成本，因此其他企业只能把价格降到更低并增加产量以占有更大的市场份额。所有的企业都不会主动减产，而是一起降价增产以扩大市场份额，这就是市场竞争。在市场竞争的过程中，产品价格不断下降，生产成本不断上升。每家企业的成本各不相同，当市场价格低于某家企业的成本时，这家企业将因无法盈利而倒闭，其市场份额也被其他企业占有。剩余企业继续竞争，最终剩余的将是成本最低的那家企业。

　　如果市场充分竞争，那么竞争的结果将是一家企业占有全部市场份额。在实际市场上，同类产品之间多少会有一些差异，企业对于不同地点的市场所面临的成本曲线也不同，多家企业共存的竞争结果更加常见。

3.3.3　薄利策略

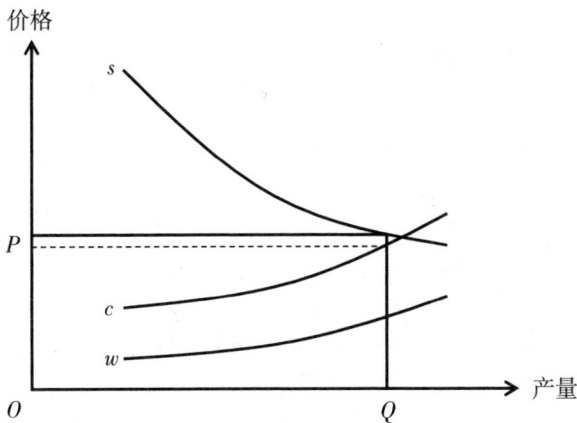

图 3-10　薄利策略的产量选择

多家企业竞争到最后只剩下一家企业时，这家企业就处于垄断地位，可以减少产量提高价格以增加利润。但是一旦市场价格提高，其他生产者就能看到利润空间，从而重新参与竞争。为了阻止其他企业参与竞争，胜出企业把价格定在竞争对手的成本之下，在产量满足市场需求的同时自己也能保持一定利润。虽然这家企业垄断了市场，但是不能做出垄断定价，而是仍然做出竞争定价，这是薄利策略，也就是通常所说的"薄利多销"。薄利是相对于垄断定价而言的，牺牲垄断定价的利润以阻止其他企业参与竞争，保持市场占有率。

在现实经济中，进入市场需要一定的成本，也就是有一定的摩擦。由于这些成本的存在，在竞争中最后胜出的企业可以将售价调高一点，一方面可以扩大利润，另一方面竞争对手也不会重新进入市场。

3.3.4 倾销策略

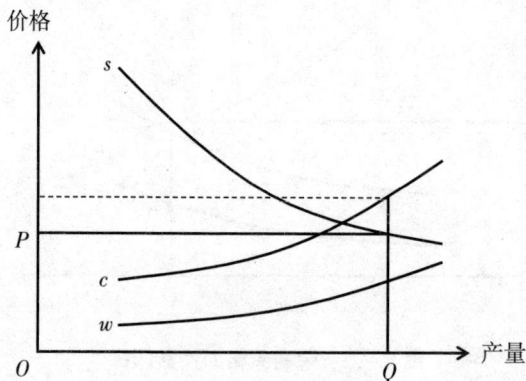

图3-11 倾销策略的产量选择

　　如果某家企业的成本与竞争对手相比没有优势但资金量有优势，这家企业可能会以低于成本价销售的方式来抢占市场份额，这种定价策略是倾销。虽然销量越多损失越多，但在资金量优势的情况下还可以维持生产。竞争对手如果不降价就会导致存货积压，资金周转不灵，即使降价销售依然遭受亏损，最终倒闭。倾销企业在占有全部市场份额后再抬高价格就有可能盈利。重新进入市场的成本越高，倾销策略就越有效。倾销行为增加了市场的波动，不利于优质企业的发展，健全的市场一般会禁止倾销行为。

3.3.5　市场条件变化

　　以上讨论的是在市场条件一定的前提下企业对产量的选择。企业因竞争对手的存在而选择扩大生产规模，利润率在产量提高的过程中不断下降。为了在竞争中获胜，企业必须尽可能提高自己的利润率，这意味着要改变市场条件。市场条件的改变反映在市场曲线的移动上。例如在市场需求方面，提高产品质量、打造品牌以增加消费者对产品的信任、宣传品牌以寻找更多潜在的需求等，可以提高产品的市场需求，也就是使产品需求曲线上移。开发新功能或者新产品也可以拓展新的市场需求，虽然是不同的产品，但对于同一家企业来说也创造了新的利润空间。在生产资料成本方面，采用更先进的技术和优化的组织结构以提高生产效率、和供应商保持良好稳定的关系等措施，可以降低单位产量的生产资料成本。在劳动力成本方面，打造企业文化、进行技能培训等措施可以降低单位产量的劳动力成本。需求曲线上移、成本曲线下移意味着企业的利润空间扩大，在市场竞争中将处于更加优势的地位。反之，虚假广告、假冒伪劣产品、压榨员工、欺骗合作伙伴等急功近利的手段，会使企业的利润空间缩小，不利于企业长期的生存和发展。

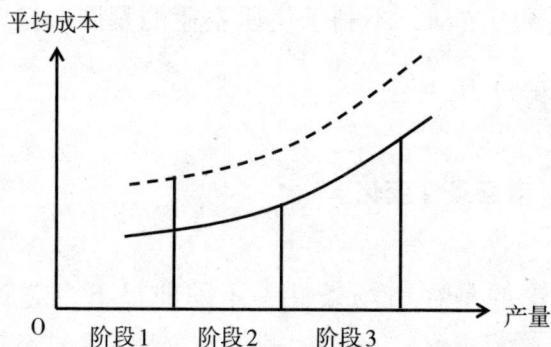

图 3-12　规模效应

　　规模效应是成本曲线改变的情况之一，即单位产量的生产要素成本随着产量的增加而减少。但是按照生产要素供给曲线的规律，单位产量的生产要素成本应随着产量的增加而增加。实际上这两者并不矛盾，因为企业进行规模生产所使用的技术与零散生产所使用的技术不完全一样，这导致了成本的区别。例如从零散生产到使用生产线进行规模生产可以降低单位产量的生产资料成本，这个过程中成本曲线向下移动，表现为生产的规模效应，如图 3-12 中阶段 2 所示。这个规模效应是由生产技术的进步引起的，不是因为量的增加引起的。如果在规模生产后继续增加生产线数量，此时生产技术没有变化，成本曲线不变。生产线的平均价格随着生产线数量的增加而提高，单位产量的生产资料成本将沿着供给曲线升高，如图 3-12 中阶段 3 所示。此时扩大产量不再具有明显的规模效应，而是体现出市场竞争的效应。

除了主动改变市场条件之外，因为竞争对手、合作伙伴和客户的情况会变，市场条件本身也是会变的，企业需要根据市场的变化调整自身的策略。这些策略需要具体问题具体分析，非常依赖于企业管理者的经验和判断。不同企业的自身特点不同、面临的市场条件不同，做出的应对也不同。这些内容主要属于管理学的范畴。如果市场曲线不变，产量与价格沿着曲线移动的情况代表企业面对一定市场条件做出的生产决策，这是经济学更关心的问题。相对来说，管理学更关心具体企业的问题，经济学更关心整体市场的规律。

3.4 投资

3.4.1 股权投资与债权投资

在持续的生产过程中，销售收入中覆盖成本的部分用于维持生产循环，同时也是支付给其他生产者的价值。利润部分是由投资者支配的价值，可以消费、储蓄或者进行再投资。如果生产者自己的资金不足以开展或维持生产，可以向他人借入资金，并将自己利润的一部分给予投资者作为回报。这样的资金借贷使得资金短缺的生产者也可以开展生产，提高了经济体的生产效率。提高的生产效率中一部分成为投资者的收入，另一部分成为生产者的收入。随着经济的发展，投资也成为生产分工的一种形式，由专门的人从事投资活动可以使投资活动更加高效。收集社会储蓄并进行投资的企业是金融企业，投资相关理论属于金融学的范畴。

投资必然来自储蓄，或是生产者自己的储蓄，或是其他投资者的储蓄。当储蓄用于投资时，这部分资金将暂时不能转化为可用于消费的流动资金。因此投资不是越多越好，在投资之前首先需要考虑是否影响生活需求。储蓄的本来目的是在未来消费以满足生活需求，当把储蓄用于投资导致消费需求不能得到满足时，就要退出投资。投资产品价格的波动会影响储蓄的价值，也会影响投资的收益。投资者的预期收益与自身风险承受能力匹配，这是对自身的认识。风险承受能力与市场风险特征匹配，这是对市场的选择。市场风险特征与实际收益匹配，这是市场的表现与结果。认识自身特征与选择合适的市场是投资者可以控制的，市场风险则是由市场特征决定的，不会因为投资者个人的预期而改变。选择高风险的市场有可能获得高盈利，也有可能承担高损失；选择低风险的市场不用担心遭受高损失，但也不太可能取得高盈利。投资者如何根据收入和生活需求情况认识自身风险承受能力，如何合理地选择市场及产品，如何处理各种可能的投资结果，这是理财研究的内容。

根据风险和收益的分配特点，投资的形式可分为股权投资和债权投资两种，这也是企业经营资金的两种来源。所有的股权投资构成企业的权益，所有的债权投资构成企业的负债，权益加负债等于企业的总资产。股权投资者是企业的股东，按照出资金额占总权益的比例分摊利润与风险，掌握生产决策权。退出股权投资需要变卖相应的资产以收回资金。企业在开展生产或拓展新业务时不能保证盈利，投资者需要承担风险，因而倾向于寻找股权投资。债权投资者在期初借出本金，在约定的期限收回本金退出投资，并按照约定的利率定期收取利息。债权投资的收益不因企业的经营状况变动，因而不承担风险也没有生产决策权。当企业的产品已经能够盈利，在竞争过程中需要资金扩大生产规模时，可以寻找债权投资，只需要负债的利率低于企业的利润率就可以提高利润。如果利用股权投资扩大生产规模，一方面增加的利润都属于新的股权投资者，原股权投资者的利润不会增加，另一方面反而有可能因为市场竞争而减少利润。现实中当然有可能存在用股权投资扩大生产规模或者用债权投资开展风险业务的情况，这属于风险错配。

通过负债的方式融资需要支付一定的利息。假设在一个生

产周期中权益为 E，负债为 D，负债利率为 i，总资产利润率为 g。负债融资前股东总权益 E 即为总资产，获得的利润为 Eg。负债融资 D 后生产规模扩大，经营总资产规模扩大为 $E + D$，利润为 $(E + D)g$，同时需要支付利息成本 Di。因此股东获得的利润率为：

$$\frac{(E + D)g}{E} - \frac{Di}{E} = g + \frac{(g - i)D}{E} \tag{3-1}$$

上式右边为整理后结果。如果 i 大于 g，负债融资后利润率反而减小，这时不应负债融资。如果 i 小于 g，则负债融资后股东获得的利润率提高。同时 g 的波动性对股东利润的影响也将提高 D/E 倍，因此利润空间所能抵御的逆向波动更小。

企业进行负债融资时，债权投资者是资金供给方，需要融资的企业是资金需求方，利率相当于资金的价格。资金需求方实际上也是股权投资者。按照市场竞争的规律，资金会优先借给愿意接受更高利率的企业，也就是利润率更高的企业。等待出借的资金量越大，达成的市场利率越低。

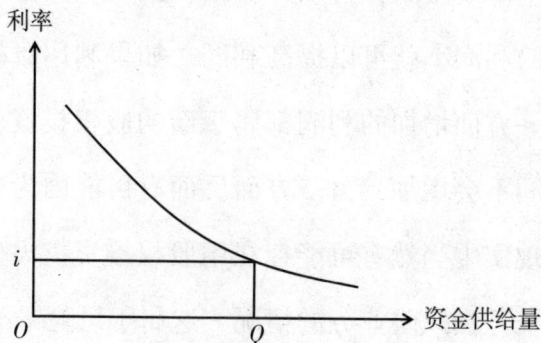

图 3-13　资金供给曲线

市场上的货币有一部分用于在短期内消费以满足生活需求，是流动资金；另一部分短期内用不到的是储蓄。储蓄可用于投资，也就是满足生产需求。如果认为所有投资的货币都是暂时不会用于消费的储蓄，所有没有用于投资的货币都是即将用于消费的流动资金，那么社会总投资等于社会总储蓄。在这个统计口径下，所有货币要么用于短期流通，要么用于投资，都进入了流通。社会总储蓄是直接用于股权投资还是通过银行等途径进行债权投资，不改变投资总量，只影响股权投资和债权投资的比例，也就是风险和收益如何分配。股权投资获得的收益率是企业权益的利润率，债权投资的收益率是企业负债的利率，二者的变动通过资金市场相关联。当市场需求增长的时候，企业利润率提高，股权投资意愿和比例增加，债权投资比例减少，资金市场的货币供给减少，市场利率升高。当市场需求萎缩时，企业利润率降低，股权投资意愿和比例减少，债权投资比例增加，资金市场的货币供给增加，市场利率降低。

在总货币量不变且供需稳定的状态下，如果用于消费的货币增加、用于投资的货币减少，企业利润率提高，市场竞争将吸引资金投资以扩大生产，倾向于回归初始平衡。反之如果用于消费的货币减少，用于投资的货币增加，企业利润率降低，市场竞争将淘汰一部分企业，同样使消费和投资倾向于回归初始平衡。换句话说，一定的供需关系对应着一定的利润率，这个利润率是市场回归的中心。在产品供需平衡、价格稳定时，所有人手中的货币都能够满足支付需求，也就没有货币的额外需求。在资金市场改变货币量会造成全市场从一个价格水平到另一个价格水平的波动，但最终会恢复初始平衡。这个初始平衡是由产品供需关系决定的，不由价格水平决定，或者说在任意价格水平都能够达到相同的平衡。

在消费或投资方面增加货币量会使用于消费和投资的货币比例失衡，影响企业利润率。经过市场流通后增加的货币量扩散到全市场引起通货膨胀，供需关系会恢复初始状态。人为地降低利率是通过资金市场增加货币量，相当于从债权投资方面引起波动。宽松效果首先体现在债权市场上，企业通过负债融资扩大生产规模，生产资料价格和劳动力工资提高，劳动力工资的提高使最终产品价格提高，最终全市场价格都一起提高。如果人为锚定的利率一直低于市场利率，相当于一直保持货币宽松，也就会产生持续的通货膨胀。

投资的名义收益率等于实际收益率加上通货膨胀率，在实际收益率一定时，通货膨胀率会提高投资的名义收益率。按照社会总投资等于社会总储蓄的统计口径，没有被投资的货币都属于流动资金。流动资金将在短期内被使用，不用考虑通货膨胀的影响。储蓄资金用于投资，获得的名义收益率本身就包含了通货膨胀率。如此看来，通货膨胀似乎不应对经济运行有明显影响。但是现实中并非所有人都有足够强的投资意识，所以总是存在一部分储蓄资金会以货币的形式持有很长时间而不去投资。通货膨胀将降低这些人的实际消费能力。即使通货膨胀在长期不会改变供需关系，在短期也会造成市场波动，这将增加企业的经营难度。考虑到这些因素，稳定物价是更合适的选择。

3.4.2 投机

投机是利用波动获利的行为，具体到市场上就是交易自己不需求的产品，通过价格波动获利。在产品价格稳定的经济体中，所有成员对于产品价格有一致的预期，现在购买某种产品并在以后卖出是得不到收益的。但如果价格波动比较明显，成员之间对价格的预期不一致，低价购买自己不需求的产品再高价出售给其他人，或者持有一段时间等价格升高再卖出，都是有可能获得收益的。投机有可能通过价格波动获利，同时也要承担判断失误时遭受的亏损。投机可能附加在正常的生产行为之上，不一定是纯粹的投机，例如生产者囤货等待产品价格更高的时候卖出以获得更多的利润。区分投资和投机的标准就是在价格绝对稳定的市场中能不能获利。在价格绝对稳定的市场中投机是没有利润的，因为没有价格波动。但投资仍然有利润，因为供给和需求仍然存在。在价格不稳定的市场中，价格波动越大，投机利润越高，投资的难度也越高。

投机是主动承担风险的行为，相应的，生产者有避险需求，这也是分工的一种形式。如果对市场波动的判断正确时获得的盈利大于判断错误时遭受的亏损，则总体来看投机行为就是盈利的，相应的，生产者会失去这部分由价格波动带来的收益。这些收益相当于生产者支付给投机者的风险管理费。如果投机者不参与交易，那么生产者需要持有产品直到卖出，这期间的价格风险由生产者承担。投机者参与交易后，生产者卖出到消费购买期间的价格风险由投机者承担。投机和避险的行为只是在重新分配风险，并没有消除风险。适度的投机行为使价格风险由生产者转移给了投机者，生产者可以及早确定成本或销售收入，有利于合理安排生产活动，提高生产效率。提高的生产效率来自风险的重新分配，这些增加的价值中有一部分成为投机者的收入。市场上避险需求所带来的收益是所有投机者共同的收益，而避险需求不可能无限大。进行适度的投机相当于提供了风险管理的服务，长期来看投机者整体应能够净盈利，但不代表每一个投机者都能盈利。当投机者过少时生产者要承担大部分风险，生产效率还有提升的空间。当投机者过多时涌入市场的资金也会过多，但市场的避险需求是有限的，超出避险需求的部分只能是投机者之间的交易。投机者之间交易的产品对于双方来说都没有需求，因此能够以任何价格成交。这就有可能导致过度投机，增加市场价格的波动范围，反而影响正常的生产。

3.4.3 不确定性

市场总是处于不断的变动当中，投资结果时而盈利时而亏损。基于理性人总是会选择获得价值的结果、避免失去价值的结果，基于感性人具有倾向获取价值的贪婪情绪和避免损失价值的恐惧情绪。不确定性使人的选择受到情绪的干扰，理性选择和感性选择相矛盾。在能够确定地认识到结果的价值时只需根据价值得失做出选择，此时感性和理性会做出相同的选择。但是人的认识是有限的，不可能完全认识到所有行为的结果，或者不可能完全准确地预测特定行为的结果。人不可能总是等到认识足够充分才做出选择。如果在认识不充分的情况下做选择，就必须将结果的不确定性考虑进去。结果的不确定性意味着有可能获得价值，也有可能失去价值，因此，基于感性和理性做出的选择有可能不同。得到价值还是失去价值的不确定性是指对同一选择得到不同结果的可能性，是基于认识的不充分而存在的不确定性，不可能只选择其中的有利结果而避开不利结果。因为如果可以做到这一点，说明对结果的认识已经足够充分，也就不存在不确定性了。

在收益和损失相对确定的时候，理性选择和感性选择相一致，不会受到贪婪或恐惧的情绪影响，因此是易于做出选择的。对于大概率获得大收益、小概率承受小损失的情况，理性和感性都会一致地接受。对于大概率承受大损失、小概率获得小收益的情况，理性与感性会一致地拒绝。实际上，加深对事物发展规律的认识就是为了尽可能提高收益的价值和发生概率，降低损失的价值和发生概率，使结果尽可能地确定。如果可能得到的价值与可能失去的价值差不多，则需要根据得与失发生的概率进行选择。在这种情况下，小概率的收益无法弥补大概率的损失，小概率的损失不足以抵消大概率的收益。如果对结果发生概率的估计足够准确，对长期积累价值还是损失价值能够做出明确的判断，那么理性和感性也可以做出一致的选择。

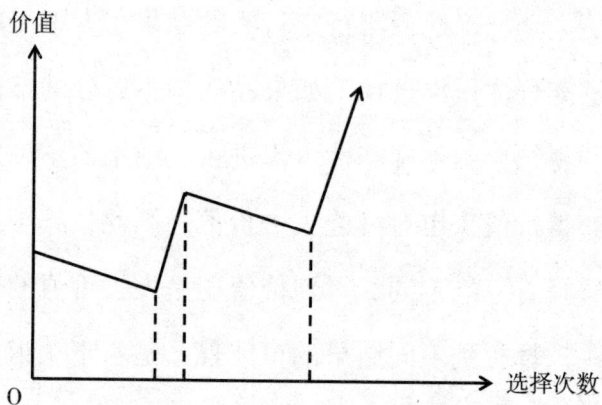

图 3-14　因恐惧而错失的价值

某些选择有可能付出一定的小代价，也有可能获得大回报。付出小代价的概率很高，获得大回报的概率很低，但回报的价值足够大，使得坚持重复这样的选择可以积累价值，如图3-14所示。因为整体上来看是积累价值的，所以根据理性应当坚持这样的选择直至获得回报。但是因为每次选择都有很大的概率付出代价，即使是小代价，人也会抱有避免价值损失的恐惧情绪，因而从感性上不会支持这样的选择。这时感性和理性的选择相冲突，若想做出理性的选择就要克服感性的干扰。

虽然理性选择是基于最终会获得价值的预期而做出的，但不确定性使得最终的大回报并非一定会得到。付出的小代价是为了大回报而做出的尝试，如果没有得到预期的回报，付出的价值就是净损失。为了能够保持继续尝试的机会，这些损失应控制在能承受的范围之内。在不断付出小代价或者说尝试的过程中，人对这项选择的认识也在不断加深，对于代价和回报的预期也有可能改变，因而随时面临着坚持或放弃的选择。

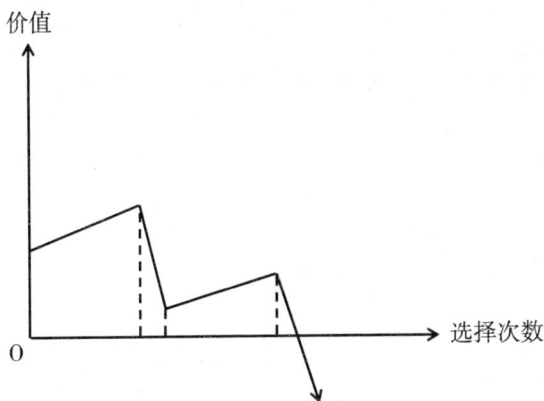

图 3-15　因贪婪而损失的价值

还有一些选择会有很大概率得到一些小收益，但是有小概率会遭受大损失，总体上来看坚持这样的选择将损失价值，如图 3-15 所示。理性会避免做出这样的选择，但是面对大概率得到的小收益时，人会产生贪婪情绪，从感性上促使人去追求小收益并忽视最终遭受大损失的可能性。这时感性和理性的选择相冲突，若想做出理性选择也必须克服感性的干扰，这意味着从一开始就放弃即将得到的小收益。放弃的小收益相当于是为了避免大损失而付出的成本，保证价值的稳健。

市场的波动时大时小，永不停止。在市场波动当中人随时都面临着小收益或小损失，情绪也处在贪婪和恐惧的波动当中。贪婪和恐惧是人的天性，影响着人的选择，也就影响着价值的积累。现在的选择会影响未来积累的价值。因为未来或多或少具有不确定性，所以未来积累的价值对于需要做出选择的现在来说不是一个确定的数值，而是处于一个范围当中。这个范围有上限和下限，实际积累的价值根据人的选择而在上下限之间波动。高风险的选择不确定性更大，因而上限与下限之间的范围更大。低风险的选择不确定性更小，因而上限与下限之间的距离更小。低风险的选择是基于充分的认识，能够稳定地积累价值。高风险的选择所基于的认识不够充分，上限可能很高，下限可能很低。完全不确定的结果没有获得价值的期望，人无论基于理性还是感性都会规避。图 3-14 所示大概率付出小代价、小概率获得大回报的选择和图 3-15 所示大概率获得小收益、小概率遭受大损失的选择都属于具有较高风险的情况，因为上限和下限之间的范围较大。这两种情况下人会面临理性选择和感性选择不一致的问题，有可能因情绪影响错失机会或者损失价值。

在结果不确定时如果要做出有长期回报的选择，需要遵从具有一致性的原则，而不是试图完全准确预测结果再做出选择。试图了解所有信息，完全精确预测结果后再做选择，一是可能因耽误时间错失机会，二是某些方面的认识本身就不可能再提高，三是自己主观认为的"准确"无法在客观上得到保证。因此为了在不能完全准确预测结果时也能做出合理的选择，需要选择有一定规律的方法，同时理性对待各种可能出现的不能事先确定的结果。对于有可能获得巨大收益的选择，应敢于尝试，避免因恐惧情绪而拒绝短期的付出。对于有可能遭受巨大损失的选择，应甘心放弃，避免因贪婪情绪而追求短期的回报。当然，这样的选择也需要对目标结果有一定程度的认识，需要对事物的发展规律进行学习或者积累经验。因为基于不确定性的一致性原则不要求掌握关于事物的所有信息，所以相比于完全精确地预测结果而言更具有可行性。不确定性所导致的结果可以认为是运气使然。因为人的认识程度有限，运气是人不能够掌控的部分，但人可以掌控自己的选择。合理的选择可以在运气不好的时候承受合理的小损失，在运气好的时候获得足够大的收益，总体上积累价值，这是应当争取的情况。盲目的选择在运气好时只能获得小收益，而运气不好时却会遭受难以承受的大损失，总体上损失价值，这是应当避免的情况。

4 宏观经济

4.1 国内生产总值

经过会计处理，企业在每个会计周期的销售收入 s、成本 c 和利润 r 都可以视为是稳定的，是平均值的近似。类似地，所有生产者的成本都可以做这样的处理。生产者是不是采用权责发生制，或者有没有规范地统计所发生的款项，这些都是如何记录的问题，实际发生的交易是不会变的。事实上，按照会计准则所统计出来的利润也不一定能做到完全平均，例如折旧年限不一定完全等于资产的使用寿命，同一资产每年的折旧额度也不一定相同。从个体企业来看，能否盈利取决于长期利润是否大于 0，为了准确决策需要尽量让短期利润反映长期利润的平均值。如果从整体市场来看，所有生产者的收入、成本和利润，都可以认为是平均的，所以单一生产者如何记录或处理财务信息不影响宏观的讨论。

4.1.1　基本情形

首先考虑最基本的情形，也就是没有新增投资、没有负债融资、没有进出口贸易、没有政府税收的情形。没有新增投资代表生产规模稳定，一个周期中消耗的生产资料价值等于补充的生产资料价值。没有负债融资代表企业没有利息成本。没有进出口贸易代表所有交易的买卖双方都包括在经济体内。没有政府税收代表所有生产的价值都在企业及其雇员当中分配。

在基本情形下，单一生产者的销售收入 s、成本 c、利润 r 满足下式：

$$s - c = r \qquad (4\text{-}1)$$

构成成本的生产要素分为劳动力和生产资料，生产资料指的是所有非劳动力要素，也可称为资本。相应的，成本也就是劳动力成本 c_L 和生产资料成本 c_A。劳动力成本包括工资、奖金以及补贴等各种福利，但是不包括利润。资本成本包括各种生产资料的采购成本、服务费用等一切非劳动力形式的成本。收入可以分为向消费者出售最终产品得到的最终产品销售收入 s_F 和向下游生产者出售生产资料得到的生产资料销售收入 s_A，对于个体企业来说其中一项为 0。于是（4-1）式可化为：

$$s_F + s_A - c_L - c_A = r \qquad (4\text{-}2)$$

移项得：

$$s_F + s_A - c_A = r + c_L \qquad (4\text{-}3)$$

将一国内所有生产者在一个会计周期内的上式各项加总。生产资料的交易有一买就有一卖，所以生产资料的总销售收入与总成本相互抵消。用大写字母表示总量，例如 S_A 表示 s_A 加总得到的生产资料总销收入，C_A 表示 c_A 加总得到的总生产资料成本，有 $S_A - C_A = 0$。于是对于总量有：

$$S_F = R + C_L \qquad (4-4)$$

（4-4）式左边即表示消费者的总支出，也就是用支出法统计的国内生产总值。（4-4）式右边表示总投资利润+总劳动收入，也就是用收入法统计的国内生产总值。如果统计每个生产者（4-3）式左边的值然后再加总，就是用生产法统计的国内生产总值。

（4-4）式是一个简化的结果，还有需要补充的地方。

4.1.2 新增投资

在加总得到（4-4）式时，根据生产资料买卖相抵得到 $S_A - C_A = 0$。在实际经营中，企业确认销售收入不是在完成销售之后，而是在产品生产出来进入库存时按照市价估值计入资产，在当期确认收入。在下一期实际销售完成时增加现金资产，减少库存资产，不确认收入。如果销售金额和估值不符，将差额计入下期收入。这样的记录方式能更准确地反映每期的生产情况。上期的库存收入在本期计入成本，本期的库存收入在下期计入成本。如果生产规模不变，上期库存计入成本和本期库存收入相抵，故有 $S_A - C_A = 0$。如果生产规模扩大，多生产出来的库存计入了销售收入 S_A，但还没有被下游企业购买，没有计入成本 C_A，此时 $S_A - C_A$ 不为 0。记这部分差值为 I，对于本期来说 I 就是新增投资，在等式右侧体现为利润。故对于当前生产周期：

$$S_F + I = R + C_L \qquad (4-5)$$

I 大于 0 表示生产规模将扩大。如果上游企业的产量减少导致 S_A 减少，下游企业因为折旧等原因维持 C_A 不变，I 就会是负值，表示生产规模将缩小。当期的新增投资 I 在下期被下游企业计入成本，两期成本和利润相抵消。尚未完成销售的最终产品也会被计入当期的 S_F，不再计入下一期销售。因此长期来看仍然有最终产品计一次价值，生产资料买卖相抵，只是单独考虑每个周期时需要做调整。

4.1.3 负债融资

采用负债融资的生产者需要支付利息成本。这些负债既有可能来自金融企业，也有可能直接来自个人。所有生产者的利息成本包括实体企业对金融企业的负债成本 C_{D1}，金融企业对个人的负债成本 C_{D2}，实体企业对个人的负债成本 C_{D3}。进行债权投资获得的利息收入包括金融企业向实体企业放贷的利息收入 S_D。个人不作为生产者纳入统计，因此个人对金融企业或实体企业直接债权投资的利息收入不计入生产者的总收入。

S_D 和 C_{D1} 的总值相等而抵消。C_{D2} 和 C_{D3} 分别对应个人对金融企业的利息收入和个人对实体企业的利息收入，没有被抵消。C_{D2} 和 C_{D3} 之和等于最终拥有这部分储蓄资金的个人的总利息收入，记为 C_D，于是：

$$S_F + I = R + C_L + C_D \qquad (4\text{-}6)$$

其中 $R + C_D$ 为总股权投资收入与总债权投资收入之和，即为总投资收入。C_L 为总劳动收入。这里 C_D 是最终资金所有者的债权投资收入，不包括金融企业的债权投资收入。这不是说金融企业的债权投资没有盈利，只是不以利息收入的形式分配，而是以利润和劳动收入的形式分配。金融企业和央行的资金往来从整体市场的角度来看属于货币发行和回收，影响整体价格水平，但不影响不同收入类型之间的价值分配，所以不必考虑。

负债融资通过风险的分配提高了投资效率，愿意承担风险的投资者可以用不愿意承担风险的劳动力的资金来扩大生产规模。从个人的角度来看，暂时没有使用的资金可以称为储蓄，只有实际投资出去的资金才称为投资。但是从整体市场的角度来看，存放在金融机构并且用于投资的资金才算作储蓄，现金、活期存款等没有用于投资的资金都算作流动资金。例如一个人在床下藏了几百万元现金，这部分现金在个人看来是储蓄，但是在市场看来是个人的流动资金。在这个统计口径下，社会总储蓄等于社会总投资。金融企业参与收集资金与投资，通过提高投资效率的方式扩大了生产规模。和没有金融企业的经济形式相比，金融企业的利润来自生产规模提高的部分所对应的实体企业的利润。

4.1.4 进出口贸易

进出口贸易分为 4 类：出口生产资料 E_A，出口最终产品 E_F，进口生产资料 M_A，进口最终产品 M_F。符号 E 表示出口，M 表示进口；下标 F 代表最终产品，下标 A 代表生产资料。其中前 3 类是由生产者完成的，最后一类即进口最终产品是由消费者完成的。生产资料和最终产品的进出口都是和外国企业完成的，无法和任何国内其他企业的收支相抵消，因此对所有生产者来说：

$$S_F + (E_F + E_A - M_A) = R + C_L + C_D \qquad (4-7)$$

其中 S_F 表示对国内的最终产品销售收入。又因为对于净出口收入 X：

$$X = E_F + E_A - M_F - M_A \qquad (4-8)$$

将 （4-8） 式代入 （4-7） 式并整理：

$$(S_F + M_F) + (X + I) = R + C_L + C_D \qquad (4-9)$$

净出口收入 X 相当于新增外币储蓄，新增投资 I 相当于新增本币储蓄。$S_F + M_F$ 表示国内和进口最终产品的总消费，$X + I$ 表示新增本币和外币总储蓄。（4-9） 式即表示所有消费者在一个生产周期内的总收入等于本外币总消费与新增储蓄之和。

汇率变动会使进口总价值与出口总价值相等，达到外汇收支平衡，也就是长期来看 X 最终会被抵消掉。因此如果生产规模长期稳定且汇率平衡，那么 I 和 X 均为 0，总收入都用于消费本国和外国的最终产品。

国际市场使企业面临更广泛的竞争，不仅要与国内的企业竞争，也要与国外的企业竞争。国际市场上企业竞争的结果将是少数具有利润优势的企业占据大部分市场份额，成为跨国企业。不同的国家在不同的产品上具有利润优势，最后形成国际分工的格局。这一方面是国家之间生产合作的表现，需要稳定的政治关系做保障；另一方面国际市场也面临着垄断或者过度竞争的问题。

4.1.5　政府收支

上述推导将生产角色分为企业和劳动力两个生产部门，如果考虑政府作用的话则形成 3 个生产部门。

在收入方面，政府向另外两个生产部门提供组织和管理生产的服务，所征收的税款以及其他形式的收费相当于政府的劳动收入，用 T 表示。政府对企业征收增值税以及计入成本的其他税，因此上游企业成本大于下游企业收入，在加总时不能抵消，构成 T 的一部分。政府对利润 R 征收企业所得税和个人所得税，对劳动收入 C_L 征收个人所得税，对利息收入 C_D 征收利息税，这些构成 T 的另一部分。政府进行股权投资经营国有企业，或者进行债权投资，国有企业利润和债权投资收益相当于政府的投资收入。政府总收入由相应的劳动收入和投资收入构成，其中主要部分是税收和国有企业利润。

在支出方面，政府向雇员支付工资成本，向办公资料的供应商支付采购成本，剩余的部分可以用于公共消费和公共投资，相当于公共利润。政府雇员的个人消费以及出于公共目的的消费都包括在（$S_F + M_F$）中，采购办公资料的消费和企业向政府出售办公资料的收入相抵消，公共投资则包含在（$X + I$）中。因此对于考虑政府的 3 部门生产情形，（4-9）式可改写为：

$$(S_F + M_F) + (X + I) = R + C_L + C_D + T \qquad (4\text{-}10)$$

其中左侧各项包括政府的消费和投资，右侧 R、C_D 包括政府的投资收入，C_L 仅包括企业劳动力的收入。政府雇员没有从企业领工资，只向企业购买最终产品，因此左侧体现在总消费中，右侧体现在税收收入 T 中，不单独考虑。

（4-10）式是加总所有企业的收入与支出得到的关系式，产生与政府相关的项是因为与政府的资金往来没有抵消。如果按照企业的形式考虑政府收支并与其他企业相加，那么与政府相关的项就会抵消，变成（4-9）式表示的两部门情形。

4.2 宏观市场曲线

不同种类产品的数量是不可加的，但是用货币衡量的价值是可加的，得到的是生产总值。在一定的价格水平下，名义生产总值除以价格水平得到的就是实际生产总值，也可以理解为以货币为单位的产量。名义生产总值是可以统计的，价格水平可以取某一年价格水平为 100 作为基准，再根据各种产品的价格变化来调整。这样用名义生产总值和价格水平计算出的产量就可以反映生产规模的变化。

将所有生产者的收入、成本、利润按照价格水平换算成量再加总，得到整体经济的市场曲线。市场曲线合并后，生产资料成本和上游企业的销售收入相抵，得到的是最终产品需求曲线、劳动力成本曲线和利息成本曲线，如图 4-1 所示。

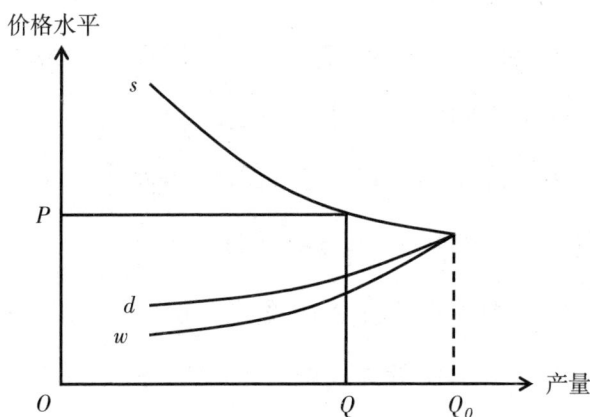

图 4-1　宏观市场曲线

纵轴表示价格水平，无量纲。横轴表示产量，以货币单位为量纲。曲线 s 是单位产量的售价曲线，也是总需求曲线。w 是单位产量工资成本曲线，d 是单位产量利息成本曲线。s 与 d 之间的距离表示单位产量利润收入，也是股权投资收入；d 与 w

之间的距离表示单位产量利息成本，也是债权投资收入；w 与横轴之间的距离表示单位产量工资成本，也是劳动收入。当产量为 Q 时对应价格水平为 P，该经济状态下名义生产总值 $Y = PQ$，这也是所有生产者的总收入。如果价格水平翻一倍，生产总值也翻一倍，但是实际生产和消耗的产品量没有变，所以衡量居民生活质量应当用产量而不是用名义生产总值。生活质量的变化可以用产量的变化率来表示。产量的变化率 $\Delta Q/Q$ 由名义生产总值的变化率 $\Delta Y/Y$ 和价格水平的变化率 $\Delta P/P$ 计算出来，在变化量不大时的近似关系为：

$$\frac{\Delta Q}{Q} = \frac{\Delta Y}{Y} - \frac{\Delta P}{P} \qquad (4\text{-}11)$$

一个会计周期中的产量对应一个价格水平和工资水平，市场曲线则反映了不同会计周期的产量与价格水平、工资水平的相对变化规律，也就是宏观经济的市场条件。在曲线不变的情况下，总收入中利润收入 R、利息收入 C_D、劳动收入 C_L 3 部分之间的比例会因产量的变化而变化，税收则与三者呈相对稳定的比例关系。新增投资 I 表现为产量的左右移动，也就是生产规模的变化。负债融资通过提高投资效率扩大生产规模，同时影响利润收入 R 和利息收入 C_D 的划分。净出口收入 X 可换汇之后用于投资，使产量左右移动；消费进口产品 M_F 使需求曲线上下移动。M_F 的价值是与外国交换来的，也就是说外国要对本国有等量的需求。政府收支则影响个人消费与公共消费之间的比例。

　　从整体市场来看，生产资料的销售收入和成本抵消了，成本只剩下劳动力成本。这意味着所有的价值最终都是劳动生产的，而生产资料的作用是提高人工劳动的生产效率。单位产量的售价曲线单调递减，劳动力成本曲线单调递增，相交于一点。这一点上投资者利润为 0，失业率没有继续降低的空间，是完全就业点。完全就业点上单位产量的产品价格与工资成本相等，所有收入都作为工资进行分配。投资者没有利润的话将不再组织生产，没有雇佣关系和工资收入的话市场曲线也不再有意义。可以将完全就业点近似理解为全社会劳动力都被一个人雇用，这个人维持生活所需的利润和生产总值相比几乎为 0。在这种情况下，市场竞争不再发挥作用，所有人的生产与消耗都被一个投资者恰当安排。信息的流通需要时间，除非市场很小、生产工序非常简单，市场不可能自发并且恰当地安排每个人的生产和消耗。所以在产品种类越来越多、生产技术越来越复杂的市场条件下，失业率不可能为 0。有人失业才有人择业，企业才有调整雇员人数的可能，市场竞争才能发挥作用。

4.3　经济波动

4.3.1　经济周期

经济周期是在经济发展过程中实际生产总值周期性偏离其长期趋势的现象，如图 4-2 所示。一个经济周期通常分为繁荣、衰退、萧条、复苏 4 个阶段。

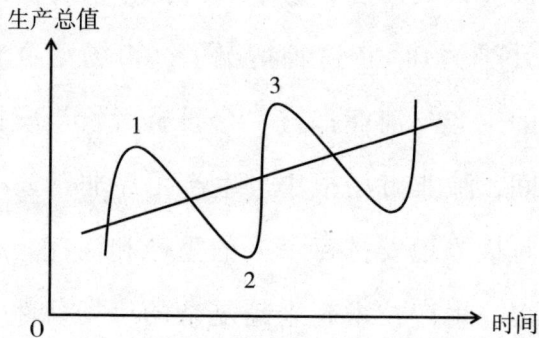

图 4-2　经济周期

在经济繁荣阶段，企业之间相互竞争，不断降低价格、增加产量。当市场上供给超出需求后，企业不会主动停止竞争，而是继续扩大生产规模，导致产品滞销，库存积压，利润率下降，表现出经济过热状态，也就是图 4-2 中的 1 处。当库存积压到一定程度后，企业将不能收回足够的资金来维持生产循环，因为积压的产品不能用于购买或交换生产资料。此时企业没有了利润空间，甚至有可能已经陷入亏损，不得不变卖资产，停止生产。企业停止生产后，其雇用的劳动力随之失业，失业率在提高的同时，这部分劳动力的市场需求也会降低。在产品过剩的同时，市场需求量降低，导致更多企业出现滞销和亏损的情况，继续扩大失业率，这是经济衰退的过程，也就是1到2的过程。最终市场生产规模缩小，劳动力失业率提高，出现经济萧条或经济危机，也就是图4-2中2的位置。

经济萧条时虽然供给量减少了，但消费者的需求量不会随之减少，而是倾向于保持原有的水平。当供给量缩小到低于市场需求量时，积压产品会被逐渐消耗，市场开始出现供不应求的情况。因为需求量大于供给量，市场重新出现利润空间，企业开始招聘员工恢复生产。恢复生产的劳动力增加了市场需求，促进了企业进一步扩大生产规模，经济开始复苏并逐渐达到繁荣，也就是2到3的过程。生产规模在市场竞争中不断扩大，直至再次供给大于需求，达到3的位置，经济再一次过热。

4.3.2　并购浪潮

经济衰退和并购现象有着紧密的联系。美国19世纪末以来共经历了5次并购浪潮，每次并购浪潮都在经济繁荣阶段达到高峰并终止于经济衰退。第1次并购浪潮在1899年左右达到高峰，以横向兼并形成垄断企业为主，在1904年股票市场崩溃时结束。第 2 次并购浪潮兴起于 20 世纪 20 年代，以纵向兼并形成寡头垄断为主，结束于 1929 年开始的经济大萧条。第 3 次并购浪潮发生在战后繁荣期的 1965 年到 1969 年，以混合并购为主导，结束于 1970 年开始的停滞性通胀。第 4 次并购浪潮发生在 1981 年到 1989 年，出现了杠杆收购和敌意收购，结束于 1990 年的短暂衰退。第 5 次并购浪潮发生在 1992 年到 2000 年，跨国并购成为这一时期的特点，2000 年的互联网泡沫破裂后结束。

并购浪潮处于经济繁荣时期，结束的时间和经济衰退的时间非常吻合，这说明不是并购导致了繁荣，而是繁荣导致了并购。经历了经济衰退后企业数量减少，在经济复苏初期市场有扩张空间，企业能够盈利，因此被收购的意愿不强。到了经济繁荣时期市场竞争激烈，一部分企业盈利能力下降甚至开始亏损，这些企业将愿意被收购，所以并购数量上升。经济衰退时市场资金紧张，发起并购的意愿减弱，并购浪潮随之结束。在这 5 次并购浪潮中，并购的形式多种多样，其目的不一定是扩大市场份额。这说明并购浪潮形成的条件不是特定的经营目的，而是需要有更多的企业愿意被收购，这也是经济繁荣时期的情况。

4.3.3 稳定状态

经济的波动来自投资生产意愿的波动，失业率的波动是其表现之一。在一定的平均生产效率下，经济体的总产量和就业人数呈正相关，和失业率呈负相关。需求意愿不随失业率波动或者波动较小，实际的供给能力随着失业率波动，供需时间差造成了二者的不匹配。理想的经济状态是既繁荣又稳定的。繁荣是因为每个人的生产能力得到最大程度的发挥，不可能再通过改善生产组织形式、职业匹配程度、教育水平等社会因素提高生产能力；稳定是因为该状态可以保持而不是在波动中时而繁荣时而衰退。对于任意技术水平都存在一个理想经济状态，在理想经济状态下社会因素发挥到最优程度，只能通过技术水平的突破来达成增长。

市场竞争会促进生产效率的提高，也会引发经济的波动。为了保持增长潜力，市场竞争是必要的。只要不去限制，市场会自发地竞争，优胜劣汰，促进增长。但在市场竞争中，微观的理性会表现为宏观的非理性。企业在竞争中的理性选择是压低价格、扩大产量，在没有利润的时候倒闭，这是微观的理性。因为供需存在时间差，这些单方向的选择造成了宏观的波动，也就是企业集中倒闭，劳动力集中失业，引起经济衰退。市场不可能自发地解决这些问题，需要政府的调控。

市场竞争的结果是一家或几家最有优势的企业垄断市场，其他利润空间没有优势的企业倒闭。在竞争中胜出的企业保持薄利多销的经营状态可以为社会提供产量更多、价格更低的产品，提供更多的就业岗位和更高的工资水平，最符合社会整体利益，代价是投资者的利润率比较低。垄断企业占有大部分市场份额，其产量的决策会对市场造成不可忽视的影响，因此这些企业的稳定是稳定市场的关键。但是在没有约束的情况下，市场不可能使竞争自动保持恰好的程度。过度竞争会引发衰退并导致经济波动；竞争不足则垄断企业有可能利用垄断地位抬高价格以获取垄断利润。因此政府一方面要鼓励市场竞争以选出最具利润优势的企业占有大部分市场份额，另一方面要使这些企业维持薄利经营的状态。企业薄利经营使市场供需稳定。如果因为一些外部原因使供需暂时严重失衡、经济剧烈波动时，政府可以采取一定的财政和货币措施来抵消过度的波动，使经济尽快恢复稳定。成长阶段自由竞争，成熟企业薄利经营，必要时期宏观调控，不同情况适用不同措施。

如果所有企业都薄利经营，经济将稳定处于劳动力的工资水平相对较高、投资者的利润率相对较低的状态。市场竞争使劳动收入和投资收入之间的差距缩小，但因个人生产能力差别导致的收入差距不一定会缩小。市场竞争是不断选择的过程，个人生产能力区别造成的收入差距甚至有可能在市场选择过程中被放大。个人生产能力与自身条件、教育水平、家庭环境等因素有关，缩小这方面因素导致的收入差距需要采取其他措施，不能指望市场自己解决这些问题。

薄利经营意味着要放弃一部分可能得到的垄断利润。这或者需要经营者出于社会责任感自愿做出这样的生产决策，或者需要政府对垄断企业的生产决策做出一定干预。对于资本主义国家而言，制定经济政策和做出生产决策的都是资产阶级，所以对生产决策的干预能力受到利益相关的限制。对于完全公有制的社会主义国家而言，制定经济政策和做出生产决策的都是无产阶级，虽然能够完全掌握生产决策权但不利于发挥生产积极性。中国特色社会主义在保持无产阶级的执政地位的同时将一部分生产决策权交给企业家，不仅释放了生产活力，还保持了对生产决策的干预能力。这当然有一个前提条件，那就是不能腐败。腐败利益最终来源于市场，腐败的官员相当于参与了垄断利润的分配。这样的决策也受到利益相关的影响，不是出于最符合社会利益的原则做出的。资本主义国家靠利益集团之间的相互制约来抵制腐败，实际上这些利润都能够合法地从市场上赚取。所以从经济稳定的角度来看，资本主义国家的稳定也是有可能实现的，但是依赖于统治阶级的资本家是否愿意主动让出利润。这对于资本主义国家来说也意味着统治阶级需要将社会利益置于个人利益之上。经济的稳定对于社会主义和资本主义来说都是有可能实现的，但是无论采取哪种社会制度，都需要统治阶级有足够高的思想觉悟，也就是把社会利益置于个人利益之上。这样的思想古已有之，但做到并不容易，对社会成员的道德水平有比较高的要求。

4.4 经济增长

经济增长的因素是多方面的，既包括生产技术水平的进步，也包括生产者能力水平的提高。技术水平由自然科学的理论及应用水平决定，决定了一个经济体生产能力的上限。一切生产资料都是生产技术的载体，生产资料的积累就是生产技术的积累。技术水平的进步是经济长期增长的最终动力，但也是不可预测的。生产者的能力水平是指从事生产的个人对生产技术的掌握程度，既包括基础教育和职业教育，也包括在生产过程中接受的培训和积累的经验。一个人所能达到的生产能力水平受到自身条件的限制，不可能无限地提高。在生产专一化的市场经济下，工作职位的匹配程度也影响到个人生产能力的发挥。如果劳动力对工作的选择足够丰富和自由，可以认为所有劳动力都从事了最适合自己能力的工作，也就是工作的匹配程度达到了最佳，这是合理组织生产的结果。技术水平和能力水平共同决定了经济体成员的平均生产效率，也就是供给能力。

经济增长既包括需求的增长也包括成本的下降。需求的增长提高了市场价格水平，企业利润率提高，随后增加产量以满足需求。成本的下降提高了企业利润率，企业扩大产量压低市场价格水平，在需求没有饱和的情况下消费量将增加。

4.4.1　需求增长

需求是在经济发展的过程中逐渐积累起来的。人有维持生活水平的欲望，每个周期都要消耗一定的产品，也就是有一定量的需求。需求增长的过程就是消耗量增长的过程，也是总需求曲线不断向右或向上移动的过程。一种新产品被消费者接受，或者现有产品通过广告等方式扩大消费群体，这都是需求增长的表现。短期的需求增长不一定会长期保持，只有形成持续性的消费才代表长期需求的增长。当现有产品的需求饱和后，只有新产品的发明可以引起需求的增长，生产效率的提高则支持需求的增长。人类经济增长的过程是需求曲线不断上移的过程，也是新产品不断被发明、生产效率不断提高的过程。

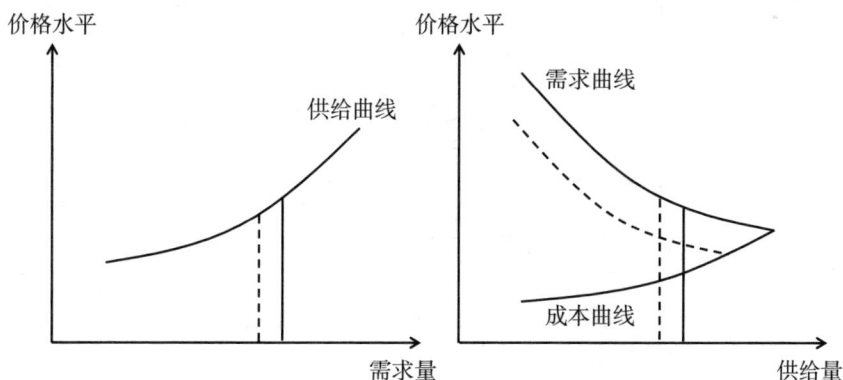

图4-3　需求增长引起供给量增长

当需求增长时企业的利润率提高，在下一个周期开始时会增加产量，这需要提高工资以雇用更多的劳动力。在产量增加的过程中，单位产量劳动力成本沿着成本曲线上移，企业利润率下降，如图4-3所示。当利润率下降到一定程度时，企业或者倒闭，或者缩小产量同时裁员以节约成本。在裁员的过程中，企业不会降低所有人的工资让员工随机地自行离去，而是会保持工资水平以留住生产效率相对较高的员工，解雇生产效率相对较低的员工。在相同的工资水平下，雇用生产效率较高的员工意味着更低的成本，企业也将更容易在市场竞争中存活。因此，在企业倒闭和裁员过程中维持就业的劳动力具有更高的人均生产效率，单位产量对应的劳动力成本下降，表现为成本曲线右移。在经济增长过程中，成本曲线会随着需求曲线不断右移。

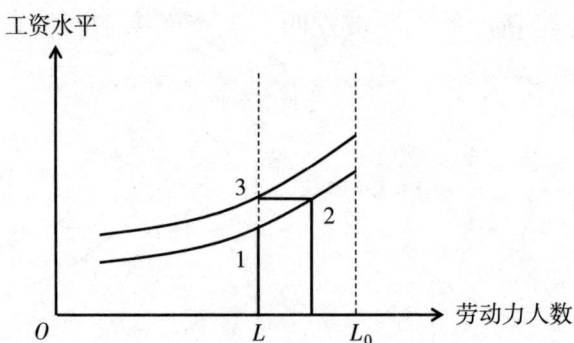

图4-4　人数形式的劳动力供给曲线

将单位产量劳动力成本曲线转换为劳动力供给曲线，即横轴产量除以人均产量得到劳动力人数，纵轴单位产量工资成本乘以人均产量得到人均工资水平。在劳动力总量 L_0 不变时，一定失业率对应的就业劳动力人数 L 是不变的。企业提高工资、扩大产量的阶段是劳动力选择企业的阶段，工资高的企业将优先获得劳动力。企业缩小产量、减员增效的阶段是企业选择劳动力的阶段，生产效率高的劳动力将被留在工作岗位上。劳动力之间存在竞争，个人的生产能力也在竞争中得到提升，人均产值和收入都有所提高。劳动力供给曲线向上移动表示人均生产效率的提高，因为相同数量的人满足了更高的需求。

4.4.2 成本下降

价格水平 価格水平

供给量 需求量

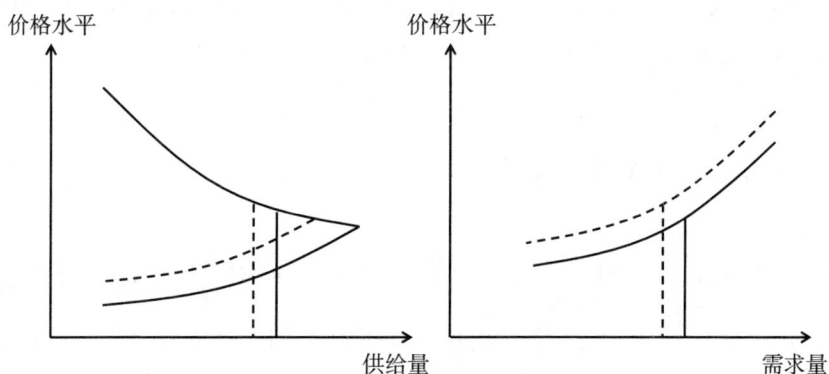

图 4-5 成本下降引起供给量增长

整体市场的生产成本就是劳动力成本。单位产量的生产成本下降意味着支付一个劳动力相同的工资可以得到更多的产品，相当于生产效率的提高。在成本下降的同时就业人数暂时不变，市场上供给的产量更多，市场价格被压低。对于消费者来说，供给曲线下降，需求量有可能增加。如果需求量随着供给量的增加而增加，那么在这个过程中就业率不变，增加的产量都是由生产效率的提高引起的。如果需求量已达到饱和不再增加，多余的供给量积压起来使价格越来越低，部分企业因无法盈利而裁员或倒闭，引起经济衰退。减少生产时间可以避免裁员，但在市场竞争中，所有企业不会同时减少生产时间。

需求的持续增长需要不断有新产品，产量的增加需要提高生产效率来支持。如果没有新产品的发明，那么增加投资扩大产量的做法可以短期提高生产总值，但在需求饱和后就不能继续增长。新产品的发明和生产效率的提高都需要技术进步，这也是经济发展的最终动力。

4.4.3　菲利普斯曲线

Phillips（1958）统计了英国 1861 年到 1957 年的工资上涨率和失业率，发现二者之间具有对数形式的负相关性，这条曲线后来被称为菲利普斯曲线。从菲利普斯曲线的形状可以看出工资水平上涨与供给曲线移动的逻辑。

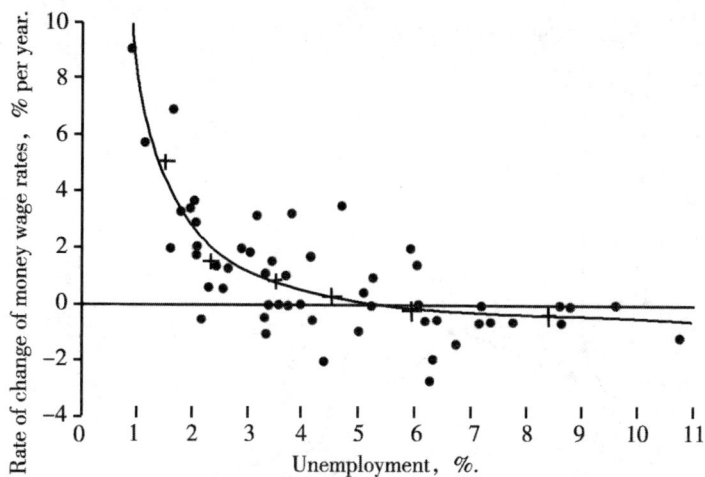

图 4-6 英国 1861–1913 年数据拟合的菲利普斯曲线

图 4-6 是用 1861 年到 1913 年数据拟合的曲线，横坐标为失业率，纵坐标为货币工资变化率。这条曲线有两个特点：一是工资增长率高时失业率低，这是工资水平沿劳动力供给曲线向右移动的情形；二是失业率高时工资增长率低，这是劳动力供给曲线向左平移的情形。所以长期来看，失业率在一个区间内波动，工资水平不断上涨。这期间按照失业率的波动，大约每 7 到 11 年为一个周期循环。[①]

---

① 见附录 2。

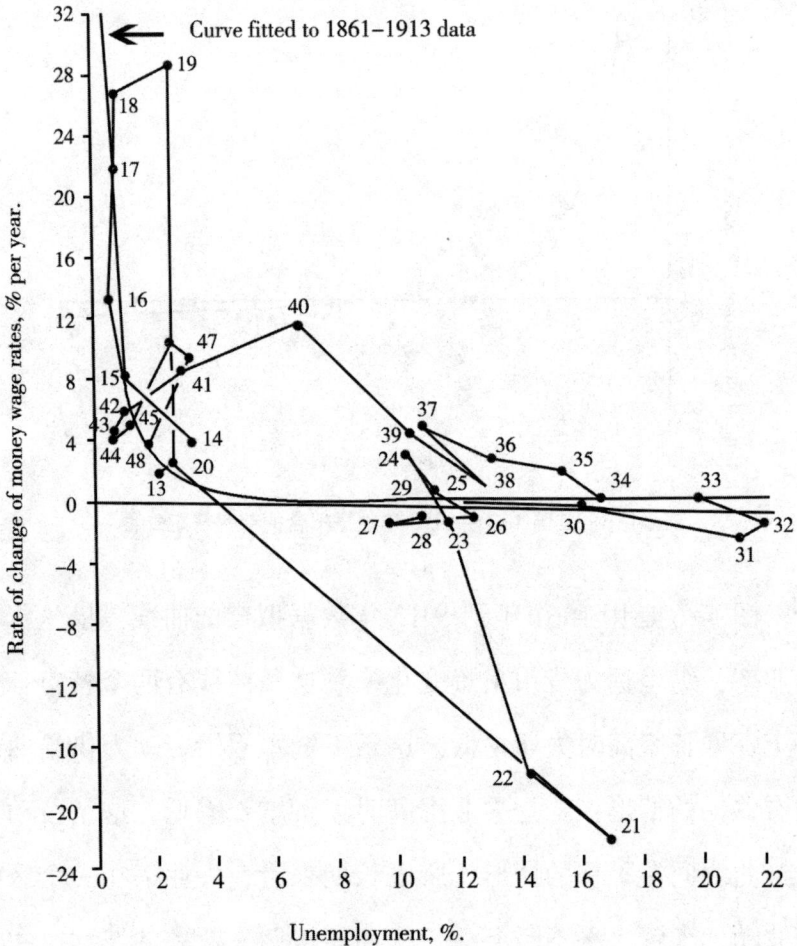

图4-7 英国1913-1948年数据

　　第一次世界大战到第二次世界大战期间的数据仍然大致满足工资增长率和失业率的反向关系，但是分布区间很大，如图4-7所示。1913年到1948年的数据大体上分布在两个区间内。一是1913年到1920年，失业率低于4%，工资增长率在2%到28%之间，在纵轴附近呈竖直分布。二是1923年到1939年，失业率在9%到22%之间，工资增长率在-3%到5%之间，在横轴附近呈水平分布。1941年到1948年又回到左侧区间。1921年、1922年和1940年是两个区间的过渡年份。

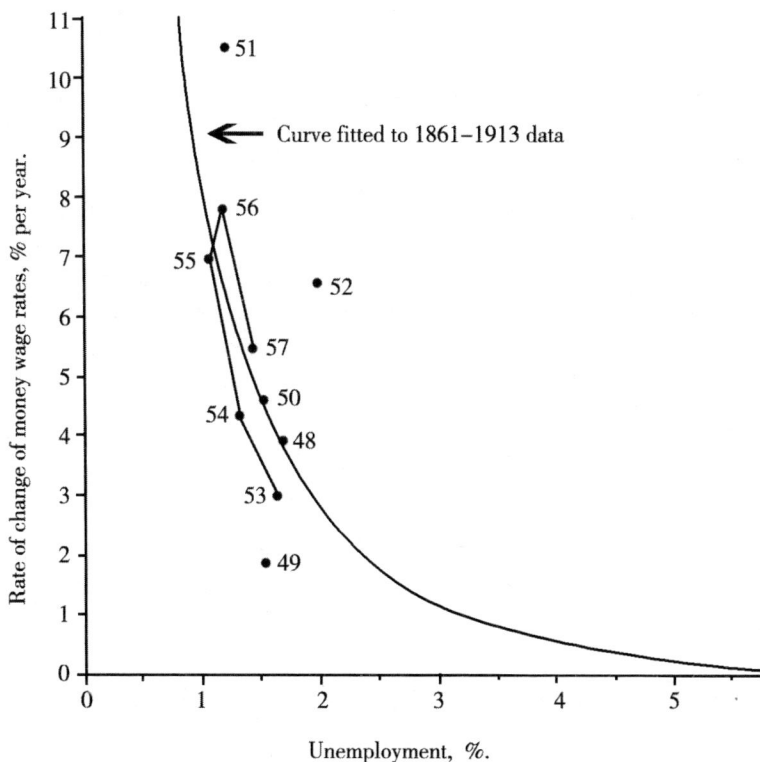

图4-8 英国1948-1957年数据

战后的1948年到1957年是经济复苏的阶段，如图4-8所示。图中曲线仍是按1861年到1913年数据拟合的曲线，1948年到1957年的数据点与该曲线符合得很好。与之前周期不同之处在于这些年份的失业率都低于2%，集中在曲线的左上部分。这说明战后需求不断增长，生产者能够保持一定的利润率，因此可以保持低失业率、高工资增长率。

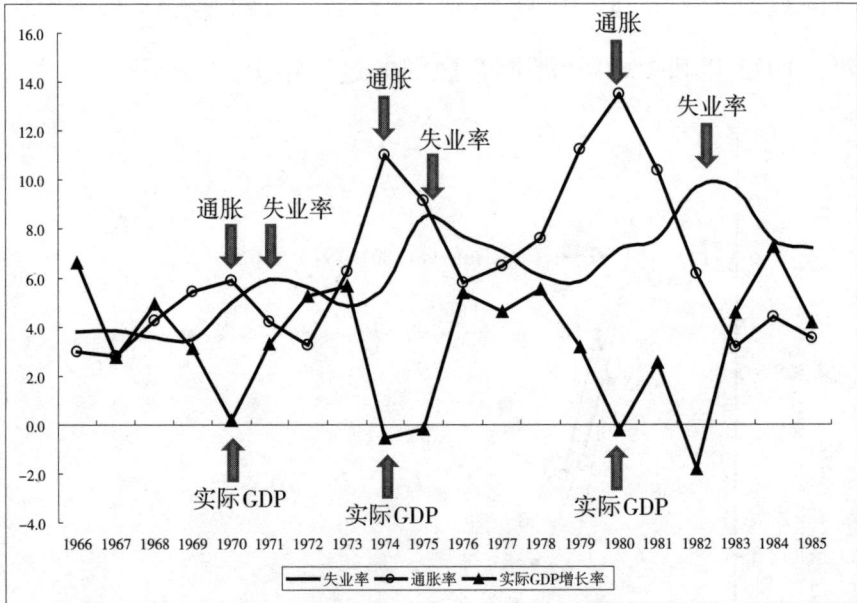

图 4-9 美国停滞性通胀时期经济数据
（资料来源：U. S. Bureau of Labor Statistics）

美国在第二次世界大战之后也经历了与英国类似的繁荣，但1970年到1980年间发生了停滞性通货膨胀，表现为高通胀、实际产出下滑、失业率上升。1970年左右，美国处于经济衰退阶段，1973年第一次石油危机中，原油价格从每桶3美元涨至每桶10美元以上；1979年第二次石油危机中，原油价格从每桶15美元涨至每桶39美元左右，两次石油危机阻碍了经济复苏。进口生产资料成本的提高只会降低下游企业的利润，这与国内生产资料成本提高在下游企业利润降低的同时上游企业利润升高的效果不同。石油进口成本增加使企业的利润降低，造成产量下降，同时伴随价格水平上涨和更高的失业率，这是总产量与价格水平沿着总需求曲线向左移动的效果。刺激性的货币政策进一步扩大了通胀率，达到10%以上。当通货膨胀率过高时，工资增长率也会随之升高，企业的利润空间没有改善，所以失业率不会降低。这表现为菲利普斯曲线上移，也就是一定失业率对应更高的工资增长率。由通货膨胀造成的工资升高不能改变根本的供需结构。

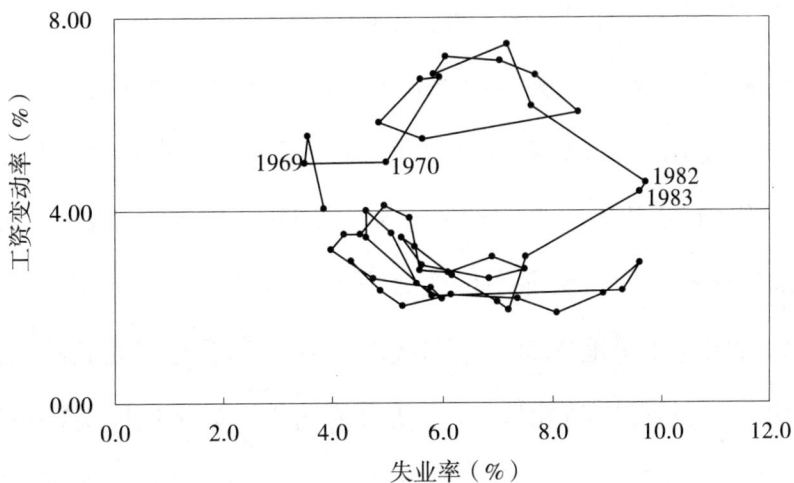

图 4-10　美国 1967-2017 年工资增长率与失业率的关系
（资料来源：U. S. Bureau of Labor Statistics）

图 4-10 给出了美国 1967 年到 2017 年工资水平变动率①和失业率之间的关系，连续两年用连线表示。1980 年，美国通胀率达到了 13.5%。为了结束两位数的通胀，里根政府采取紧缩

---

① 工资数据采用 Average Weekly Earnings of Production and Non – supervisory Employees：Total Private.

的货币政策。在经历了 1982 年的短暂衰退后经济开始复苏，工资增长率和失业率再次表现出负相关。1967 年到 1983 年工资增长率一直处于 4% 以上。在 1982 年 9.7% 和 1983 年 9.6% 的高失业率之后，在 1984 年失业率降到了 7.5%，工资增长率降到了 3.0%。之后的 33 年间，失业率和工资增长率呈现出一定的负相关性，也就是菲利普斯曲线所示的关系。2008 年金融危机导致 2009 年到 2012 年失业率升高到 8% 以上，相应年份工资增长率在 2% 到 3% 之间，也就是图中右下角的 4 个点。以失业率 6% 为界，左侧倾斜度比较大，右侧倾斜度比较小。失业率超过 6% 的部分对应的周薪增长率在 2% 到 3% 之间，而 1985 年到 2017 年的平均通胀率是 2.55%。在周薪增长率与长期通胀率相当时，失业率仍然会增加，劳动力曲线上移。这是因为通胀等比例地影响收入和成本，利润率没有因通胀的增加而增加，企业没有雇用更多劳动力的动机。如果回顾英国的数据，在 1913 年以前还没有刺激性货币政策的倾向，英国菲利普斯曲线右侧高失业率对应 0 左右的工资增长率说明了这一点。美国在停滞性通胀时期高失业率对应的高通胀率也说明了这一点。

对于菲利普斯曲线的解释，Phillips 认为高失业率时工资水平下降幅度较小，说明工人不愿意在现有的工资水平下提供劳动。这个解释没有体现失业率升高时雇主选择性留用工人的逻辑，也不能解释因通货膨胀导致的名义工资上涨和实际工资上涨的区别。Samuelson & Solow（1960）基于物价水平和工资水平正相关的假设提出通胀率和失业率负相关的短期菲利普斯曲线，并指出在短期提高通胀率可以降低失业率，虽然长期来看通胀率和失业率的关系可能会平移。Friedman（1968）认为，长期来看，通胀会成为工人对工资增长的预期，失业率和长期通胀率没有必然联系。这是对当时货币政策的一个批评，也在之后的停滞性通胀中得到了证实。本书认为失业率和长期通胀率没有必然联系的结论是合理的，但原因不是工人对名义工资的通胀预期，而是普遍通胀不能改变市场利润率。市场利润率和失业率由产品的供需情况决定，不由通胀决定，或者说不由货币供应量决定。

原始的菲利普斯曲线表示的是工资增长率和失业率之间的关系。将工资增长率替换为通胀率，再根据奥肯定律将失业率替换为实际产量，得到的就是现在普遍应用的通胀率和总产量形式的菲利普斯曲线。奥肯定律是一条经验定律，认为失业率每上升1%，产量将下降2%。在生产效率一定的情况下，这样的比例是可以保持的，但在生产效率变化时，奥肯定律将不再成立。菲利普斯曲线左半部分包含经济增长的情形，所以用总产量替换失业率是不合理的。用通胀率替换工资增长率也改变了菲利普斯曲线的逻辑，因为工资增长率受到利润率的限制，但通胀率不受利润率的限制。基于市场逻辑解释经济增长和波动时仍应使用工资增长率和失业率形式的菲利普斯曲线。

工资增长率

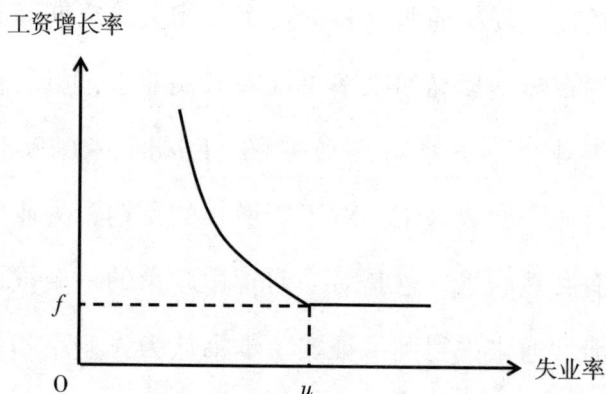

图 4-11　自然失业率与长期通胀率

图 4-11 是表示工资增长率和失业率的一个更合适的形式。
f 是长期通胀率，u 是自然失业率。当经济没有增长时，市场利
润率稳定，工资增长率大约等于 f，失业率在 u 右侧波动。当
经济增长时，市场利润率提高，工资增长率高于 f，失业率也
将低于 u，并且工资增长率越高，达到的失业率越低。在经济
没有增长时，自然失业率 u 是能够稳定达到的最低失业率，这
也对应着企业能够接受的利润率。如果通过提高通胀率等刺激
政策来降低失业率，企业在短期扩大生产规模后会因利润率降
低而裁员，失业率会波动到 u 的右侧，引起经济衰退。在没有
增长时，将失业率稳定在 u 附近是最好的情况。在前面英国和
美国的数据所反映的经济循环中，自然失业率大约是 6%。

4.4.4 增长与稳定

在提高生产效率方面，技术水平和能力水平越高越好。政府在这两方面要做的是尽可能增加研发和教育投入，优化生产组织形式，令经济自然增长。在此基础上应尽量降低经济的波动，使就业稳定。失业率不一定越低越好，因为波动中暂时性的增长不能长期保持。失业率在需求增长时低于长期自然失业率，在需求没有增长时回到长期自然失业率附近，不可能完全没有波动。超过长期自然失业率的波动是有可能控制的，降低失业率的波动性主要是指控制这部分暂时的衰退。

在一个失业率波动周期中，需求增长时需求曲线上移，利润率提高，企业提高工资雇用员工使失业率下降；利润率降低时，企业维持工资水平裁员使失业率升高，劳动力供给曲线上移。在需求持续增长时工资保持增长率，失业率维持较低水平。这对于发展中国家来说最容易达到，发达国家在第二次世界大战之后也一度处于这个状态。但如果需求没有增长，靠通胀引起的工资增长率和失业率之间没有逻辑上的联系。产量的增长有可能是暂时的波动，不代表经济的增长，需求的增长才是经济的增长。新的需求需要新的技术支持，这就超出了经济手段的能力范围。利用刺激政策来达到更高的产量不会使经济保持增长，只会增加经济的波动。

工资增长率

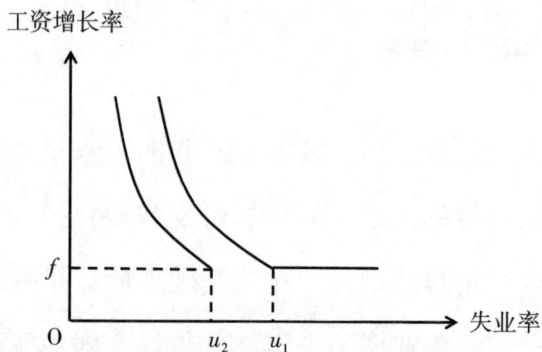

图 4-12　稳定经济使自然失业率降低

　　需求没有增长意味着企业没有增加雇佣劳动力的意愿，也就不会有超过平均通胀率的工资上涨幅度。失业率的周期性波动意味着利润率也存在波动，企业会要求更高的利润率以补偿波动的不确定性。如果能够使经济稳定运行，降低利润率的波动，企业对利润率的要求会降低一些，自然失业率也能够降低一些。如图 4-12 所示，自然失业率原本在 u_1，经济波动中失业率在 u_1 两侧波动。当失业率能够稳定在自然失业率时，企业降低了对利润率波动的补偿要求，市场可以接受的利润率降低，自然失业率随之下降为 u_2。这样不仅控制了失业率在自然失业率右侧的波动，同时还降低了自然失业率。失业率在 u_2 左侧的波动代表需求增长阶段，是可以接受的。这是在长期内既降低失业率又控制经济波动的逻辑。

后　记

　　本书理论来自作者的市场经验和对风险的思考。最先得到的是市场理论，也就是企业生产决策模型和宏观市场模型。在大致方向确定后本书又经历了多次修改，同时逐步完善了货币、供需、增长等方面的理论。这些理论并没有多么复杂。总结理论的目的是解决问题而不仅仅是解释问题，简单一点也许更好用。如果理论不能解决问题，那么抛弃理论、借鉴经验，或者没有经验干脆去尝试一下都是可行的。

　　中国改革开放以来经历了 40 多年的高速发展，实际 GDP 年均增长率达到了 9.5%，在这个过程中需求持续增长。在这样的经济环境下，企业有持续增加工资的利润空间，失业率长期处于自然失业率之下，不会进入衰退周期。近年来中国的实际 GDP 增速逐渐下降，从 2010 年的 10.6% 逐渐下降到 2018 年的 6.6%，这显现出需求增长减弱的态势，发展的动力也将逐渐从追赶式的需求增长转向突破式的技术增长。在需求增长放缓到一定程度时，失业率将在自然失业率右侧波动。如果能够保持经济稳定，给企业一个相对稳定的利润空间，那么在控制经济波动的同时自然失业率有可能降低到6%以内。这意味着在需求增长时工资上涨，失业率低于自然失业率；在需求没有明显增长时工资水平不变，失业率维持在自然失业率附近。这样失业率总是在自然失业率以内波动，从而避免经历高失业率形式的经济衰退或经济危机。当然，目前中国和发达国家的经济水平还有着明显的差距，需求增长的潜力依然是巨大的。

参考文献

［1］邵万钦. 美国企业并购浪潮［M］. 北京：中国商务出版社，2005.

［2］Phillips，A. W. The Relation between Unemployment and the Rate of Change of Money Wage Rates in the United Kingdom，1861–1957［J］. *Economica*，New Series，1958，25（100）：283–299.

［3］Samuelson，Paul A. & Robert M. Solow. Analytical Aspects of Anti–Inflation Policy［J］. *American Economic Review*，1960，50（2）：177–194.

［4］Friedman，Milton. The Role of Monetary Policy［J］. *American Economic Review*，1968，58（1）：1–17.

附录 1 价格决定机制的证明

考虑一个有 n 种产品流通的独立经济体，即与外界没有产品交换的经济体。经济体在一定时期内所有供给的产品都被其自身的成员需求。同一种产品的生产者视为一组，共有 n 组生产者。对于第 i 种产品（$i \leqslant n$）的生产者，其供给量用 q_{ii} 表示，其对第 j 种产品（$j \leqslant n$，$j \neq i$）的需求量用 q_{ij} 表示。$q_{ii} > 0$，表示供给产品；$q_{ij} \leqslant 0$，表示需求产品。设第 j 种产品的价格为 p_j。取交换矩阵为 A，价格向量为 p，所有产品的供给和需求情况满足以下方程组：

$$
Ap = \begin{bmatrix} q_{11} & q_{11} & \cdots & q_{1n} \\ q_{21} & q_{22} & \cdots & q_{2n} \\ \vdots & \vdots & \ddots & \vdots \\ q_{n1} & q_{n2} & \cdots & q_{nn} \end{bmatrix} \begin{bmatrix} p_1 \\ p_2 \\ \vdots \\ p_n \end{bmatrix} = 0
$$

交换矩阵 A 具有如下性质：

（1）对角线元素 $q_{ii} > 0$，表示生产者在交换中是给出产品。

q_{ii} 不一定是生产者的实际产量，而是实际产量减去生产者自己的消耗量。如果在市场经济条件下，生产者不消耗自己的产品，可以认为 q_{ii} 等价于产量。

（2）非对角线元素 $q_{ij} \leq 0$，表示生产者在交换中获得其他产品。在市场交换中生产者不可能只供给而不需求，因此任意一行的非对角线元素不全为 0，表示该生产者必然对其他某种产品有需求。

（3）第 i 行表示第 i 组生产者的供给和需求，不同元素代表不同产品，数量不可加。

（4）第 j 列表示第 j 种产品的供给和需求，同一列的元素代表相同产品，数量可加。因为所有供给的产品都恰好被需求，因此任意列元素之和为 0。因为任意列的对角线元素不为 0，所以任意列的非对角线元素也不可能全部为 0。这表示所有供给的产品都必然有另外至少一人需求。没有需求的产品即使生产了也不会参与交换，也就不会被交换矩阵的元素表示。

对于一个交换矩阵 B，如果 B 的秩等于其阶数减 1，则称 B 为最小交换矩阵，其代表的经济体为最小独立经济体。下面证明，对于交换矩阵 A，当 $r(A) = n - m$ 时，A 可通过交换行和列转化为：

$$\begin{bmatrix} B_1 & & & \\ & B_2 & & \\ & & \ddots & \\ & & & B_m \end{bmatrix}$$

的形式，其中 B_1，B_2，$\cdots$，B_m 均是最小交换矩阵。

因为 A 的各列之和为 0，所以 A 的秩 r（A）< n，方程组 $Ap = 0$ 必然有非 0 解：

$$p = （ p_1, p_2, \cdots, p_n ）$$

$q_{ij}p_j$ 表示第 i 种产品的生产者所交换的 j 产品的价值。任意 p_j 不可能等于 0，否则第 j 种产品的生产者的产品无法参与交换。不妨取 $q_{ij}p_j$ >0 表示净卖出产品，$q_{ij}p_j$ <0 表示净买入产品。根据 A 的定义，对任意 p_j 都有 p_j >0，这是因为生产者不可能净卖出自己不生产的产品。

因为 r（A）= $n-m$，所以 p 的元素中有 m 个自由变量，其余的变量都可以用这 m 个自由变量唯一表示。这相当于将 m 个自由变量看作参数，解 $n-m$ 阶的非齐次线性方程组，有唯一解。对 A 做任意列的交换相当于同时交换了 p 中元素的位置，元素的值不变，因此不妨设这 m 个自由变量为 p_1，p_2，$\cdots$，p_m。其余的任意一个非自由变量 p_i（ $i > m$ ）都可以唯一表示为这 m 个自由变量的组合，即存在唯一且不全为 0 的 k_1，k_2，$\cdots$，k_m 使：

$$p_i = k_1 p_1 + k_2 p_2 + \cdots + k_m p_m$$

对任意 p_1，p_2，$\cdots$，p_m 均成立。对于任意 $j \leqslant m$，如果 k_j <0，给定任意 p_j 总能够令其他自由变量取足够小的值使 p_i <0，这与 p_i >0 矛盾，因此必然有 $k_j \geqslant 0$。

下面证明 k_1，k_2，$\cdots$，k_m 中有且只有一个值大于 0，其余值均为 0。假设在非自由变量 p_i 的表达式中，系数 $k_j > 0$，则自由变量 p_j 可以被非自由变量 p_i 和其余自由变量表示为：

$$p_j = -(k_1 p_1 + k_2 p_2 + \cdots + k_{j-1} p_{j-1} - p_i + k_{j+1} p_{j+1} + \cdots + k_m p_m)/k_j$$

将其余非自由变量表达式中的 p_j 项替换为上式右边，则可用包含 p_i 且不包含 p_j 的 m 个新的自由变量来表示。因此 p_1，p_2，$\cdots$，p_{j-1}，p_i，p_{j+1}，$\cdots$，p_m 也构成一组自由变量，故同样要求上式右边各项系数恒大于等于 0。又因为 $k_j > 0$，所以 k_1，k_2，$\cdots$，k_{j-1}，k_{j+1}，$\cdots$，k_m 均小于等于 0。前面已经证明 k_1，k_2，$\cdots$，k_{j-1}，k_{j+1}，$\cdots$，k_m 均大于等于 0，所以 k_1，k_2，$\cdots$，k_{j-1}，k_{j+1}，$\cdots$，k_m 必然均为 0。这等价于任意非自由变量必然与且只与其中一个自由变量成正比例关系，也就是 $p_i = k_j p_j$。

当 $m = 1$ 时，$r(A) = n-1$，自由变量个数为 1 个，任意 p_i 都可以作为自由变量，其余变量可表示为自由变量的倍数。这相当于任意产品都可以作为单位来衡量其他产品的价值。

当 $m \geq 2$ 时，在解向量 p 中存在 m 个元素为自由变量。将与同一个自由变量成比例关系的其他变量与这个自由变量作为一组构成一个子向量，共构成 m 个相互独立的子向量。通过列交换将同一个子向量对应的列交换到一起，同时做相应的行变换保持原来的对角线元素仍然在对角线上。每一个子向量对应着一个对角线上的子矩阵，每个子向量都是对应子矩阵的解。将变换后的矩阵按照子矩阵的阶数划分为 $m \times m$ 块，第 i 行、第 j 列的块表示为 B_{ij}。对于任意两个对角线上的子矩阵 B_{ii}，

B_{jj}，易知 B_{ii} 和 B_{jj} 的秩都为阶数减 1，并且满足交换矩阵性质 1、2 和 3。对角线子矩阵对应的子向量的取值相互之间是任意的，故非对角线矩阵 B_{ij} 和 B_{ji} 的元素都为 0，从而对角线矩阵 B_{ii} 和 B_{jj} 的各列之和为 0，满足交换矩阵性质 4。因此对角线子矩阵都是最小交换矩阵，非对角线子矩阵的所有元素都为 0。这表示 A 可以经过行和列的交换转化成 m 个最小独立交换矩阵的对角线形式。证毕。

每个子交换矩阵都表示一个子经济体，该子经济体内部的产品之间交换比例也唯一确定。所以交换矩阵 A 表示的经济体可以拆分成 m 个相互独立的子经济体，这些子经济体各自内部的产品交换比例唯一确定。子经济体之间不存在产品交换，也就没有产品交换比例。显然当 $m=1$ 时就是 A 为最小交换矩阵的情形。每种产品至少要与另外一种产品交换，因此交换矩阵最小为 2 阶。几个交换矩阵可以组合成一个更大的交换矩阵，但大的交换矩阵不一定能拆分成几个小的交换矩阵。

对于交换矩阵 A，倍乘一行得到的新矩阵与原矩阵同解，但不满足各列元素之和为 0，因而不是交换矩阵，这表示当经济体其他成员的供给和需求不变的情况下，个人改变供给和需求是没有意义的，既满足不了更高的需求也无法得到更高的供给，因为其他人既没有增加需求也没有增加生产，无法完成交换。交换矩阵 A 倍乘一列得到的新矩阵与原矩阵不同解，但满足各列元素之和为 0，因而是交换矩阵。这表示对于一种产品，其供给和需求等量变化是有可能的。在其他产品供给量和需求量不变的前提下，该产品相对于其他产品的交换比例与其产量成反比，因而其产量乘以价格的货币价值是不变的。也就是对一种产品来说，如果市场上其他产品的供给量和需求量没有变，那么这种产品总产量的价值用其他产品来衡量都是不变的，这等价于该产品的总产量和单位产量的价值成反比。

需要注意的是，实际发生的供给和需求决定了交换矩阵，不是交换矩阵决定了供给和需求。对交换矩阵某一列作变换来表示供给和需求的改变不能正确反映市场的实际变动。在实际市场上，由于生产能力和消费能力的限制，一种产品产量或消费量的变化往往引起其他产品产量或消费量的变化。从生产角度来看，一种产品的生产时间增加有可能导致其他产品的生产时间减少；从需求角度来看，消费者增加了一种产品的消费便有可能减少另一种产品的消费，相互之间的变动不是完全独立的。因此交换矩阵的主要意义在于给定产品供需关系时讨论货币和产品之间的关系，而不是讨论产品之间的关系。产品之间的关系应当从市场的角度进行讨论。

附录 2　菲利普斯曲线图
（1861–1913 年）

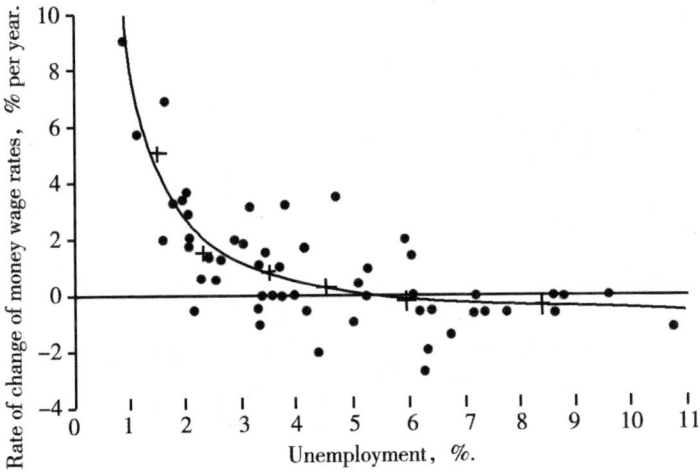

附录 2-1　1861–1913 年（英国）

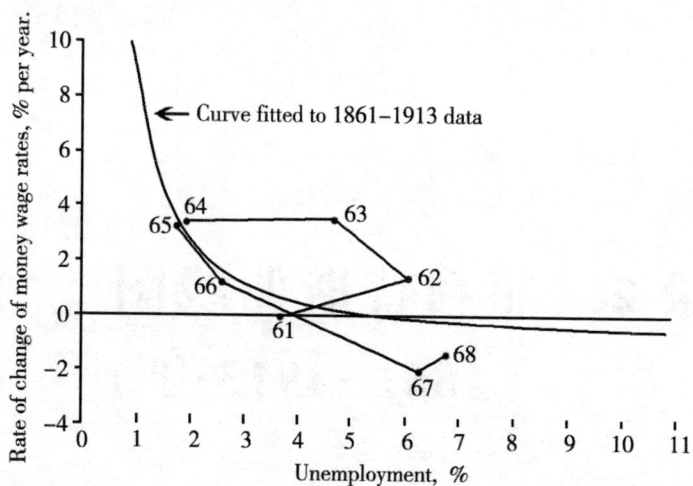

附录2-2 1861-1868年（英国）

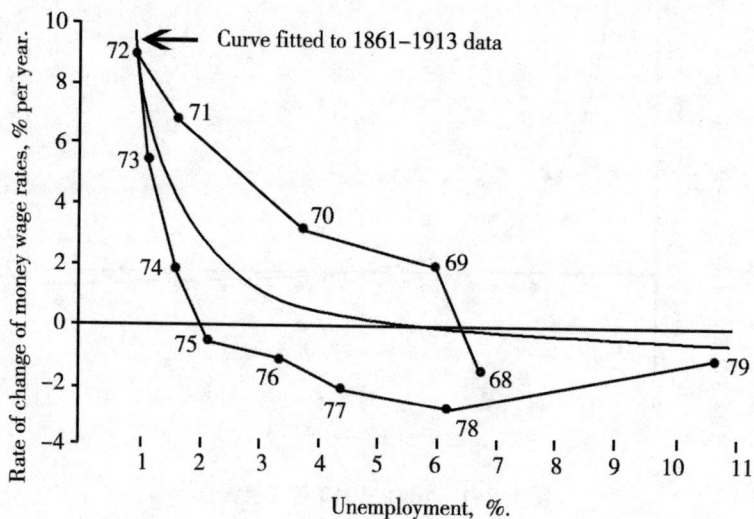

附录2-3 1868-1879年（英国）

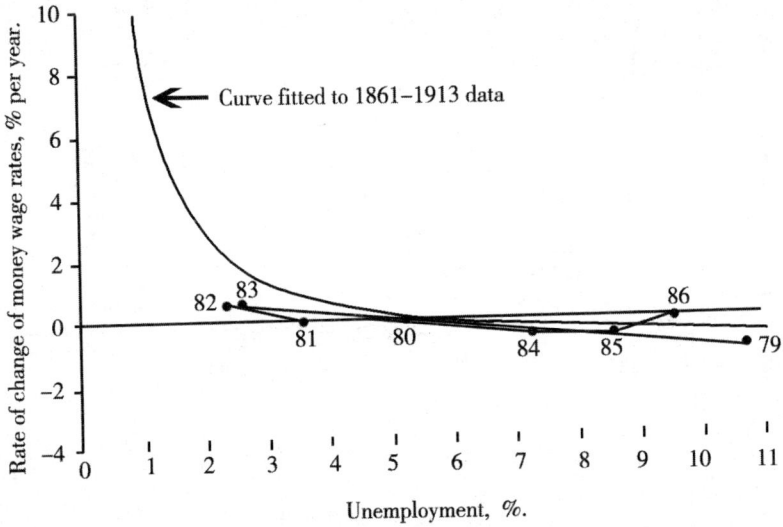

附录 2-4　1879-1886 年（英国）

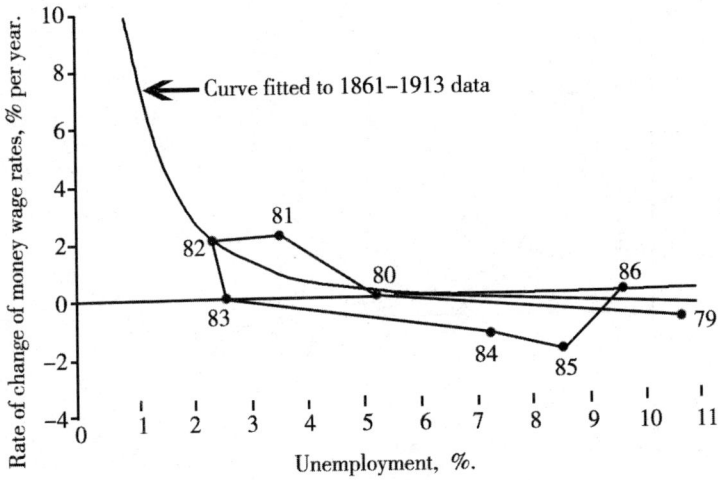

附录 2-5　1879-1886 年
（英国，其中 1881-1886 年采用 Bowley's wage index）

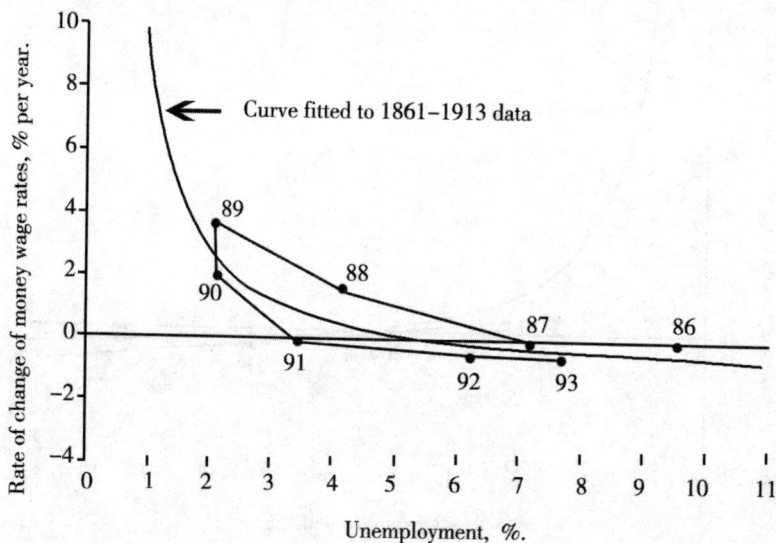

附录 2-6　1886-1893 年（英国）

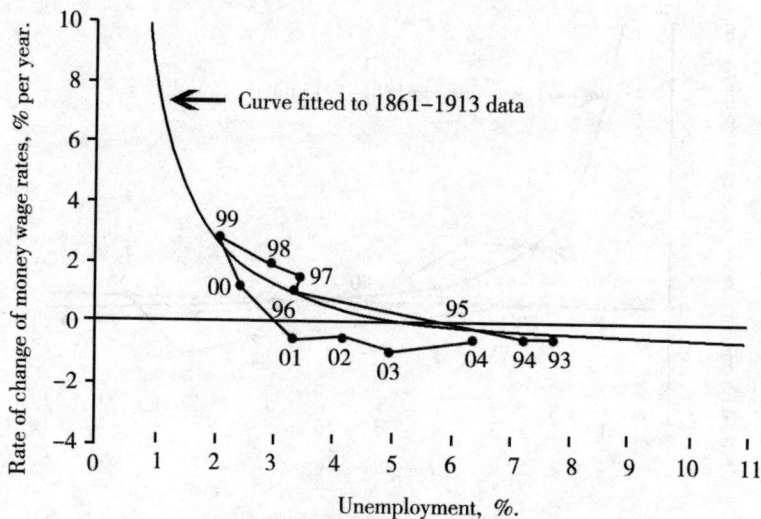

附录 2-7　1893-1904 年（英国）

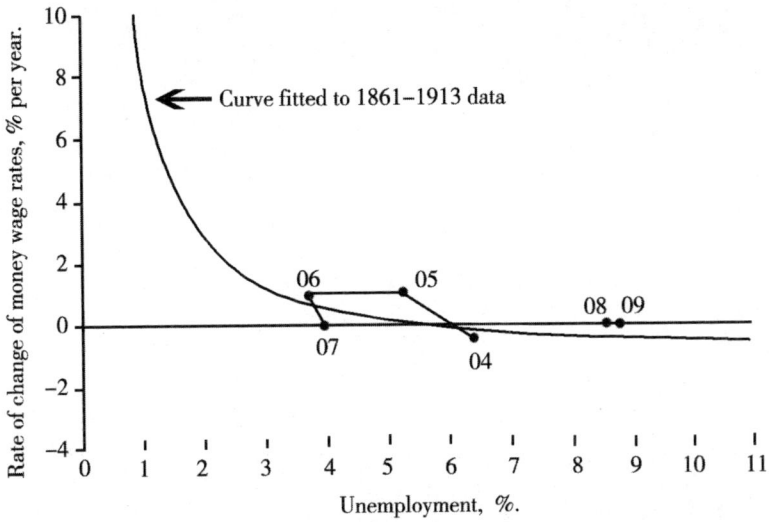

附录 2-8　1904-1909 年（英国）

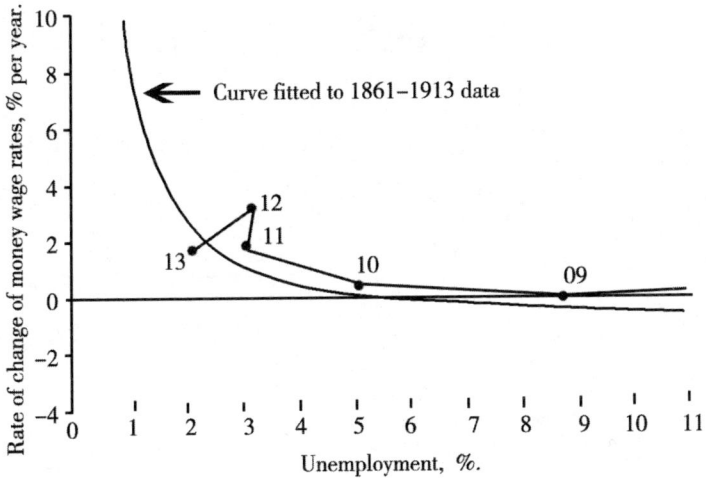

附录 2-9　1909-1913 年（英国）